A caça às bruxas

Lillian Hellman

A caça às bruxas

Introdução de
GARRY WILLS

Tradução de
Tonie Thomson

Rio de Janeiro, 2010

Título do original em língua inglesa
SCOUNDREL TIME

© Espólio de Lillian Hellman
© 1976 by Lillian Hellman
Introdução © 1976 by Garry Wills
Foreword ©2000 by Backyard Swing
Originalmente publicado em edição de capa dura por Little, Brown and Company, 1976
Primeira edição em brochura por First Back Bay, 2000
Todos os direitos reservados ao espólio de Lillian Hellman

Reservam-se os direitos desta edição à
EDITORA JOSÉ OLYMPIO LTDA.
Rua Argentina, 171 – 3º andar – São Cristóvão
20921-380 – Rio de Janeiro, RJ – República Federativa do Brasil
Tel.: (21) 2585-2060
Printed in Brazil / Impresso no Brasil

Atendimento direto ao leitor:
mdireto@record.com.br
Tel.: (21) 2585-2002

ISBN 978-85-03-01078-8

Capa: INTERFACE DESIGNERS / SERGIO LIUZZI
Diagramação: EDITORIARTE

Texto revisado segundo o novo Acordo Ortográfico da Língua Portuguesa.

CIP-BRASIL. CATALOGAÇÃO-NA-FONTE
SINDICATO NACIONAL DOS EDITORES DE LIVROS, RJ

H421c

Hellman, Lillian, 1905-1984
  A caça às bruxas / Lillian Hellman ; tradução Tonie Thomson ; introdução Garry Wills. – Rio de Janeiro : José Olympio, 2010.

  Tradução de: Scoundrel time
  ISBN 978-85-03-01078-8

  1. Hellman, Lillian, 1905-1984. 2. Escritoras americanas – Biografia. 3. Dramaturgas americanas – Biografia. I. Thomson, Tonie. II. Título.

10-0628
CDD: 818
CDU: 821.111(73)-94

Para
Barbara e John
Ruth e Marshall
com gratidão por antes e agora.

INTRODUÇÃO

Em 1952, a escritora Lillian Hellman foi intimada a prestar depoimento sobre suas atividades antiamericanas perante o Comitê do Congresso encarregado de manter vivo o nosso americanismo. Era o ano em que Joseph McCarthy, no auge do poder, reelegia-se para o Senado. Mas Lillian não compareceu. Ela foi intimada por um Comitê da Câmara dos comuns — aquela que, devido ao poder e longevidade que mantinha, tornou-se o comitê do período da Guerra Fria: o Comitê de Atividades Antiamericanas da Câmara (House Un-American Activities Committee — HUAC). Durante cerca de um terço do século XX, o Comitê exasperou-se com seus arquivos cada vez maiores, depoimentos e relatórios. Sua época de maior poder teve início em 1948, com a deflagração do caso Hiss. Contudo, já em 1947, seu amplo mandato se mostrava explícito, com a colocação de testes ideológicos para produtos americanos, a começar pela indústria cinematográfica.

Um determinado filme, produzido em 1944, perturbou sobremaneira os membros do Comitê. Solicitaram o testemunho de uma perita em filmes, a novelista Ayn Rand, e ela rapidamente identificou o principal pecado da película: exibia russos sorridentes.

— Mostrar essa gente sorrindo é um golpe-padrão da propaganda comunista.

Já que a propaganda soviética mostrava russos sorrindo, e já que o filme mostrava russos sorrindo, tal filme fazia parte do esforço de propaganda comunista. Foi esta espécie de lógica que deu fama à srta. Rand e fascinou os parlamentares, que a convocaram em 1947 para instruí-los. Entre seus alunos naquele dia encontrava-se Richard Nixon, e ele não fez perguntas quanto ao "Silogismo dos Sorrisos" da mestra. Apenas o deputado John McDowell manifestou reservas:

McDowell: Ninguém sorri na Rússia?
Rand: Se a pergunta é literal, a resposta é quase ninguém.
McDowell: Eles nunca sorriem?
Rand: Não assim. Se acaso sorriem, é na intimidade e por acidente. Certamente não se trata de um ato social. Não sorriem em aprovação ao sistema.

A srta. Rand, roteirista de filmes, deve ter feito estranhas anotações em seus *scripts*, tais como: "Sorria acidentalmente e não socialmente."

O astro de *Canção da Rússia* foi Robert Taylor. Ayn Rand não o perdoou por cumprimentar um agricultor russo: "Este grão é maravilhoso." O sr. Nixon, talvez, tivesse feito anotações durante o testemunho da srta. Rand. Vinte e cinco anos mais tarde, ele diria aos líderes chineses que a Grande Muralha era maravilhosa. (E, nessa época, os russos nos diziam que o *nosso* grão era maravilhoso.) Mas Robert Taylor não teve 25 anos para alterar sua "fala" sobre os russos. Apenas três anos depois de feito o filme, e dois dias após ser acusado pela srta. Rand, foi ele intimado a defender-se da acusação de tráfico de sorrisos russos. Mostrou-se convenientemente arrependido:

ROBERT STRIPLING (procurador do Comitê): sr. Taylor, já participou como ator de algum filme que, na sua opinião, contivesse propaganda comunista?
TAYLOR: Creio que o senhor está se referindo agora à *Canção da Rússia*. Devo confessar que na ocasião em que o filme foi rodado, protestei veementemente contra minha participação. Na minha opinião, pelo menos, achei que continha propaganda comunista... O filme não devia ter sido feito. Creio que atualmente não teria sido feito.

Por que, já que admitia a propaganda comunista, o sr. Taylor fizera o filme? Porque atendera ao pedido do assessor de propaganda filmada do Departamento de Informações de Guerra do governo federal — estávamos retratando um bravo aliado, sorridente ao nosso lado na guerra contra

Hitler. Por que, então, retratar-se se estava atendendo ao apelo do seu próprio governo? Porque devemos prever as mudanças de linha do governo, concordar com o presente e rejeitar o passado, agradecendo a oportunidade de podermos nos arrepender.

> RICHARD NIXON: No que lhe diz respeito, mesmo que viesse a sofrer danos — de bilheteria, possivelmente, de reputação, ou danos de outra ordem, por comparecer perante o Comitê, considerar-se-ia, ainda assim, justificado em comparecer e, caso fosse novamente convocado, voltaria a comparecer?
>
> TAYLOR: Sem dúvida alguma, senhor. Acontece que acredito no povo americano e nas convicções do povo americano, o suficiente para saber que preferem aqueles que são a favor da América, e do sistema americano de governo a quaisquer ideologias subversivas que possam vir a ser preservadas ou àqueles por quem eu venha a ser criticado.

Tal resposta recebeu, merecidamente, entusiásticos aplausos — qualquer um que consiga encaixar "América" ou "americano" quatro vezes numa única frase é digno da nossa admiração.

Tão pouco tempo havia passado desde a Segunda Guerra Mundial e os homens já aprendiam a rastejar humildemente. O sr. Taylor chegou mesmo a fornecer nomes — *ouvira* dizer que as seguintes pessoas talvez fossem comunistas: Howard

Da Silva, Karen Morley, Lester Cole. Faziam parte de sua lista negra pessoal.

> STRIPLING: O senhor se recusaria a atuar num filme cujo elenco também contasse com a presença de uma pessoa que considerasse comunista?
> TAYLOR: Mas sem dúvida alguma, e não precisaria sequer ter certeza de que fosse comunista. Pode parecer preconceito; contudo, no caso de eu suspeitar de que alguém com quem vá trabalhar seja comunista, seria o caso de "ou ele ou eu", já que a vida é breve demais para que eu a desperdice com gente que me irrita tanto quanto esses "camaradas" comunistas.

A essa altura o sr. Taylor já estava tão sensível às dicas do governo, que abruptamente mudou de "curso" em pleno depoimento. Retratando-se de sua atuação em *Canção da Rússia*, foi levado primeiramente a assumir a seguinte posição:

> STRIPLING: Sr. Taylor, o senhor acha que a indústria cinematográfica é fundamentalmente um veículo de entretenimento e não de propaganda política?
> TAYLOR: Certamente. Acho que o dever básico do cinema é divertir; nada mais, nada menos.
> STRIPLING: Acha que a indústria estaria em melhor situação se se limitasse estritamente a entreter, sem permitir que filmes políticos fossem feitos?

TAYLOR: Claro que sim... Às vezes, certas coisas se infiltram na indústria e ninguém percebe. Se os comunistas não estão interessados na indústria cinematográfica, não há motivo para infiltrarem essas coisas.

Mas, nesse ponto, o presidente lançou novas insinuações, e o sr. Taylor deu um giro em 180º em duas simples frases.

J. PARNELL THOMAS: Sr. Taylor, o senhor é a favor da produção de filmes anticomunistas, fornecendo fatos sobre o comunismo?

TAYLOR: Excelência, quando chegar a hora de filmes desse tipo se tornarem necessários — e talvez isso não tarde a acontecer —, acredito que o cinema os produzirá, e será seu dever fazer filmes anticomunistas. Acontece que não sei quando será essa hora, mas acredito que tais filmes deverão ser, e serão, feitos.

O verdadeiro membro do Partido está sempre disposto a denunciar seu próprio passado em um estalar de dedos. Mas o sr. Taylor conseguiu quebrar alguns recordes em sua breve aparição perante o Comitê, e este conseguiu reduzir os Estados Unidos a um partido, e o americanismo a um exato valor. O Comitê já atingira a perfeição na técnica de preempção ideológica — vencer o inimigo à custa de imitação ferrenha.

Claro, o Comitê continuava a criticar os comunistas quando *eles* impunham conformação ideológica e conversões rápidas. Já tinham ouvido falar várias vezes que o escritor Albert Maltz fora punido por ter dito, num artigo publicado em 1946 no *New Masses*, que "os escritores devem ser julgados pela sua obra e não pelos comitês de que participem." Ridicularizando padrões políticos de crítica, recordou que a peça antinazista de Lillian Hellman, *Watch on The Rhine*, fora denunciada pelo *New Masses* na época do pacto Hitler-Stalin, e aplaudida em seguida, após a invasão da Rússia por Hitler.

Maltz foi chamado a prestar contas de seus desmandos — e bem a propósito, numa cela comunista num *night-club* de Hollywood. E repetiu no *Daily Worker* o ato de retratação de Robert Taylor. John Howard Lawson, convocador de reuniões comunistas em Hollywood, era um sentinela avançado tão devoto quanto o próprio J.B. Mathews (cuja fama alicerçava-se no número de frentes avançadas às quais se aliara).

Em 1947 o Comitê da Câmara contra Atividades Anticomunistas já existia há quase uma década. Mas até então não passara de uma operação de retaguarda de menor importância, especializada em insinuações raciais antissemitas e orientada por dois democratas sulistas que agiam como diretores (Martin Dies e John S. Wood). Congressistas respeitáveis evitavam-na. Quando o mais famoso antissemita do país, Gerald L.K. Smith foi inquirido perante o Comitê em 1946, o deputado John Rankin pediu sua opinião sobre os danos do *New Deal*, e não uma descrição de suas atividades antissemitas. Smith recebeu tratamento de perito-testemunha amistoso.

Mas as coisas começaram a mudar em 1947. As eleições secundárias do ano anterior resultaram no primeiro Congresso Republicano em 16 anos e pareciam pressagiar a derrota de Harry Truman em 1948. Um presidente de mesa republicano (J. Parnel Thomas) e um procurador (Robert Stripling) dominavam agora o Comitê, e um brilhante congressista iniciante, como Richard Nixon, tinha condições de notar que a ansiedade contra o comunismo fazia do Comitê um ponto de partida para o sucesso em vez de uma situação de ignomínia. Um novo Truman, que se tornara recentemente agressivo, desencadeara a Guerra Fria em 1947 com seu plano de "resgatar" a Grécia e a Turquia e simultaneamente propunha um novo programa de lealdade, estendendo as investigações até os funcionários federais (medida que não era tomada nem mesmo em tempo de guerra). O Departamento de Justiça de Truman convocou o grande júri de Nova York que presidiria os processos previstos no *Smith Act* pela simples filiação ao Partido Comunista. O procurador-geral (através de um mandado presidencial usado em tempos de guerra), prendeu Gerhart Eisler, encarcerando-o em Ellis Island. J. Edgar Hoover apresentou-se pessoalmente por duas vezes perante o Comitê da Câmara para alcunhar os comunistas de "quinta-coluna", justificando assim a expansão do serviço de espionagem na qual seu destacamento se empenhara durante a guerra. Outro Comitê da Câmara (o de Apropriações) lançou um ataque a dez funcionários do Departamento de Estado por riscos de lealdade — e o secretário George Marshall demitiu todos eles, dispensando até o inquérito preliminar. O Senado demonstrou sua força conseguindo a transferência de John Carter Vincent da seção do Extremo Oriente no Departamento de Estado.

Mas, naquela agitada primavera de 1947, o fato talvez mais agourento que aconteceu foi a compilação da Lista do procurador-geral. Esta se propunha a ser originalmente um documento interno, para subsidiar a implantação dos testes de lealdade de Truman. Um rol de organizações com quatro tipos de ligações — aos comunistas, aos fascistas, aos totalitários, ou àqueles com tendências subversivas — seria usado para peneirar funcionários federais. Filiação a uma ou mais dessas organizações indicaria uma área de investigação antes que o candidato a um posto governamental fosse aprovado. No entanto, mais tarde, naquele mesmo ano, quando Truman usava o procurador-geral Tom Clark a fim de promover o Plano Marshall contra o comunismo, a Lista foi publicada.

O fato constituía uma profunda violação dos direitos civis em si, e foi o fundamento para todas as espécies de futuras violações — pelo Congresso, por funcionários, por colaboradores da Lista Negra. Sem denunciar atos ilegais, sem fornecer razões para as proibições, sem oferecer um mecanismo legal de defesa ao indivíduo; o governo taxava de desleal qualquer cidadão que pertencesse a uma de um grande número de organizações. Isto, na mentalidade do povo, logo atingiu aqueles que pudessem ter contribuído em espécie para tais organizações, ou comparecido a suas reuniões. A Lista, cujo propósito era fornecer razões *prima facie* para investigar funcionários federais, seria usada para negar a qualquer pessoa a possibilidade de emprego em qualquer cargo de responsabilidade, público ou particular. O governo fizera uma vaga acusação maciça que não precisava sustentar nos tribunais. E então, qualquer um, de posse da Lista, tinha condições de impugnar a lealdade de outro cidadão qualquer sob o que parecia ser a chancela do governo dos Estados Unidos. Deste simples ato originou-se toda a campanha da Lista Negra, a doutrina de culpa por associação, a busca de uma década de velhos papéis timbrados e doações e livros de assinaturas, a emaranhada corrente de "ligações" entre uma pessoa e outra.

A época de McCarthy não data de 1950, quando Joseph McCarthy fez suas primeiras acusações. Data de 1947, dos esforços conjuntos de Truman, do procurador-geral Tom Clark e de J. Edgar Hoover. Foram eles que forneceram ao Comitê de Atividades Antiamericanas da Câmara as armas — as listas que poderiam ser usadas contra testemunhas, o programa de lealdade que podia exigir uma vigência ainda mais rigorosa, a suposição de que um cidadão é desleal até que possa provar sua lealdade, a recusa de emprego a qualquer homem ou mulher que não se submetesse a tal processo de prova. Por causa da Lista cada um tinha que, dali em diante, ter cuidado com seus contatos, com os lugares que frequentava, com quem se encontrava — um passo em falso na reunião errada, um cheque assinado para uma causa filantrópica, um conhecimento mais do que superficial com radicais seriam suficientes para colocá-lo na Lista e fechar-lhe as portas de um emprego. A Lista do procurador-geral era o "pecado original" do macarthismo. Truman mordeu a maçã e depois, tal qual Adão, protestou veementemente quando Caim surgiu para matar. O senador Arthur Vandenberg dissera a Truman que ele "deixaria o país morto de medo" se pretendesse conseguir a aprovação do Congresso para seu maciço programa do exterior. E Truman fez.

O que fez o mecanismo dar a volta tão depressa em 1947, desencadeando nosso imenso esforço em autopoliciamento e suspeita institucional? Podemos descartar, desde logo, os meros xenófobos e semiparanoicos — tipos que podemos compreender, e que, assim, não são problema. Mas o que fez com que tantos democratas liberais apoiassem a posição adotada pelo presidente e pelo procurador-geral — e mesmo, a princípio, a posição do Comitê? Encontramos parte da resposta no diálogo entre Robert Taylor e o presidente do Comitê Thomas, do qual se depreende que uma Hollywood disposta a servir Washington com a produção de filmes antifascistas durante a guerra deveria estar igualmente disposta a produzir filmes anticomunistas, isto é, antissoviéticos, em 1947. Três equações se escondem nesta sugestão (sugestão que seria frequentemente repetida nos primeiros processos de Hollywood, com o congressista Nixon mostrando-se particularmente interessado em filmes dirigidos à Rússia). Havia, em primeiro lugar, uma equação de um tempo de paz com a mobilização bélica de propaganda nacional. Havia, em seguida, uma equação da Rússia, tomada como inimigo nacional, com o "Eixo" da Segunda Guerra Mundial. E, finalmente, havia a equação da Rússia com o comunismo — como anteriormente já tinha havido uma equação da Alemanha, Itália e mesmo do Japão com o fascismo durante a Grande Guerra. Uma nação em guerra com *ideias* usa ideias como armas — e o governo federal é o responsável pelo arsenal nacional. Hollywood precisava ser politicamente censurada para que a nação se sentisse ideologicamente protegida.

Um país, desmobilizado apenas em parte em 1947, viu-se alegre e imediatamente remobilizado. Por quê? Por que havia uma ameaça externa? Em parte, sem dúvida. Mas a Rússia, profundamente mutilada pela guerra, ainda virgem de armamento nuclear, não significava, na ocasião, uma ameaça temível à nossa existência — certamente não o tipo de ameaça que pudesse justificar um programa tão extenso de autodefesa. O poderio militar soviético não justificava as medidas de emergência adotadas em 1947, e que incluíam um programa de lealdade que excedia até mesmo os rigores de restrições de guerra. A Rússia representava uma ameaça ideológica, não militar — uma ameaça ao "americanismo" mais do que à América, e a oposição se fez mais total porque a ameaça era mais sutil. Contudo, o modelo para a guerra total foi tomado da cruzada contra o fascismo, rebatizado de guerra (fria) de propaganda de ameaça e suspeitas contra o comunismo.

Nos primórdios da década de 1940 os Estados Unidos se apaixonaram pela guerra total — o que não é de admirar.

A guerra fora o que de melhor poderia ter acontecido ao país em muito tempo. Conseguiu o que o *New Deal* nunca realizara completamente — resgatou-nos da Grande Depressão, e restaurou-nos à explosiva expansão de nossa Idade de Ouro, através da renegociação das relações entre o empresariado e o governo federal — expandindo, no processo, o governo federal a um grau muito mais alto e mais rápido do que o *New Deal* lograra. A nação estendeu-se e rearrumou-se — os negros emigraram para o norte à procura de novos empregos; mulheres invadiram o mercado de trabalho; laboratórios, universidades e fábricas ampliaram-se com dinheiro federal e programas de guerra. Em virtude de nossas capacidades mentais e de nossos esforços, tornamo-nos o mais extraordinário poder militar e industrial da história do mundo. Até o segredo da própria estrutura do universo — o átomo — serviu aos nossos propósitos nacionais, que eram os propósitos da humanidade e do mundo.

Os americanos têm necessidade de encontrar moralidade no trabalho atrás do sucesso material. A fortuna se justifica, pelos princípios de Horatio Alger, como recompensa pela virtude e pelo esforço. Jamais duvidamos do nosso direito de usar instrumentos absolutos de destruição na Segunda Guerra Mundial — tempestades de fogo artificialmente criadas, bombardeios de saturação, bombas napalm, nossas duas bombas atômicas — a fim de fazer valer nossas exigências de rendição incondicional. Nossa vitória *tinha* que ser total, porquanto lutávamos contra o mal total.

Winston Churchill veementemente declarou que os alemães "devem sangrar e queimar, devem ser triturados até se transformarem num monte de ruínas ardentes" — e a respeito dos japoneses disse que "nós os varreremos, cada um deles, homens, mulheres e crianças".

Alcançamos esse prazer refinadíssimo — o ódio virtuoso. A matança por uma ideia é a pior espécie de matança que existe, a matança ideológica. Melhor é odiar uma pessoa, o agressor de uma família ou de um lar, do que odiar uma ideia. E se a ideia se esconde por trás de um exterior inofensivo e respeitador? Neste caso, devemos nos precaver contra todas as amenidades normais e atrações pessoais. E, então, lançamos uma cruzada — a ser seguida por uma inquisição.

É difícil descermos de um "ápice" de ódio justificado. A arrogância da vitória tem sido lugar-comum pelo menos desde a época de Ésquilo. E ao nosso ódio foi concedida a atordoante e tardia justificativa de Buchenwald e Belsen, os perplexos paroxismos finais de Hiroshima e Nagasaki. Quem poderia duvidar de que a nossa vitória fosse a mais pura e a mais completa? Se o poder corrompe, chegamos mais perto do poder absoluto sobre o mundo e sobre as ideias de nossa própria gente, do que qualquer outra nação antes de nós. Por que esperaríamos não pagar tributo algum por isso? Mas quando nos dispusemos a governar o mundo que havíamos resgatado, liberais como Henry Steele Commager reprovaram aqueles que pensavam poder haver algo de impuro no modo como os Estados Unidos usavam seu poder. No auge da Guerra Fria, ele escreveu: "O registro é talvez ímpar na história do poder: a organização das Nações Unidas, a Doutrina Truman, o Plano Marshall, o espaço aéreo de Berlim, a Organização do Tratado do Atlântico Norte, a defesa da Coreia, o desenvolvimento da energia atômica para fins pacíficos, o Ponto Quatro — tais gestos prodigiosos são tão esclarecidos e sábios que indicam o caminho para um novo conceito do uso do poder." A partir daí, o poder se purificou — e os santos se libertaram de muitas restrições impostas àqueles que não tinham uma doutrina adequada.

Um ingrediente fundamental da nossa euforia de guerra tinha sido a concentração de nossas energias em cima de um inimigo total. Havia, em 1946, uma certa relutância em abrir mão desse artifício de concentração. Considerava-se com prudência a possibilidade de um retorno à paz — a guerra tornara-se "normal", preferível às tensões e inércias da fase de pré-guerra. Assim, demos nosso apoio à matéria, enquanto Truman lutava arduamente para impor treinamento militar universal a todos os jovens do sexo masculino. O Escritório de Serviços Estratégicos recusava-se a deixar de existir. O FBI, tendo alcançado novas formas de poder contra a espionagem doméstica e na América do Sul, não desejava renunciar a tais poderes. A pesquisa atômica continuava em segredo, mas a pleno vapor, mantendo ativo em tempos de paz o problema dos sistemas de segurança. Os cruzados, tardos em retirar a armadura, sentiam coceiras dentro delas e começavam a parecer ridículos. O que devolveria o brilho moral a essas armaduras senão a descoberta, num horizonte longínquo, de um novo Inimigo Total? A relutância de nossa desmobilização em fins de 1945 explica a explosão de alegria à remobilização de 1947. Os segundos-tenentes liberais e os agentes de informações voltavam à atividade, e esta parecia liberal novamente. Tínhamos ainda um mundo a salvar apenas com aqueles planos — da Otan à guerra da Coreia — que o professor Commager chamava de "tão sábios e esclarecidos". Mil compromissos de tempo de guerra, um pouco afrouxados em 1946 a ponto de se transformarem em gemidos de descontentamento econômico e psíquico, retesaram-se novamente, injetando um novo tônico à América.

A ideologia cumpriu seu papel — deu aos aliciadores de comunistas o que mereciam: a América nunca amou o socialismo. O interesse econômico agiu da mesma forma — deu a Coolidge o que merecia: os negócios da América jamais se afastam muito dos Negócios. Mas a psicologia também cumpriu seu papel dando a Ésquilo o que merecia: as guerras cobram seu preço, principalmente guerras totais contra uma doutrina conquistada com a maior invasão militar-científica das linhas inimigas na história da humanidade. Como diz a srta. Hellman, os americanos temiam os bolchevistas desde 1917, mas não dispunham de instrumentos para uma investigação ou um expurgo em larga escala. Os famosos *Palmer Raids* tinham de se contentar com uma pequena força de delegados federais e um Ministério do Trabalho pouco cooperador. Mas depois da Segunda Guerra Mundial ficamos com um FBI dilatado e ideologicamente doutrinado, os comitês do Congresso, um programa de segurança interna, uma operação mundial de informações, e a vontade de fazer prevalecer a nossa Verdade. Nosso mundo de pós-guerra iniciou, em vez de encerrar, uma era de abundância, e não tínhamos intenção de choramingar. Preferimos tiranizar.

Tiranizamos, para começar, nossa própria cidadania. Isto, porém, faz parte de qualquer cruzada. Os cruzados do século XI primeiro "limpavam" os guetos europeus, antes de partirem para a Terra Santa. Começamos a Primeira Guerra Mundial mandando homens como Karl Muck para a cadeia, e a segunda aprisionando os nisseis. Começamos, em 1947, aquilo que James Burnham queria chamar de Terceira Guerra Mundial, jogando Gerhart Eisler, um comunista alemão em visita ao nosso país, num campo de detenção em Ellis Island. Em 1947, por determinação do presidente, voltávamos à guerra, e até mesmo os liberais vinham dizendo há muito tempo a todos os americanos que a guerra os obrigava a odiar as doutrinas estrangeiras. Obedecemos. O comunismo se tornou exatamente o que fora o fascismo. Nosso esforço de propaganda tinha de se voltar contra o segundo inimigo exatamente como havia se voltado contra o primeiro — o congressista Nixon devia "encorajar" Hollywood a produzir filmes antissoviéticos.

Uma das razões pelas quais as inimizades da Guerra Mundial podiam ser tão rapidamente ressuscitadas, com um novo foco sobre a Rússia, era que a América sempre se sentiu profundamente em choque com as doutrinas estrangeiras. Gabávamo-nos de que nossa nação nascera da dedicação a uma *proposta*, conforme a frase de Lincoln. Datávamos o berço da nação não a partir da fundação de fato de um governo constitucional, mas a partir da declaração de nossos princípios, 13 anos antes. Um dos elementos do senso de missionário dos Estados Unidos tem sido sempre a convicção de que laços íntimos com nações estrangeiras podem conspurcar a pureza da doutrina republicana, temor esse expressamente declarado por Jefferson. Não bastava ser americano por cidadania ou residência — era preciso ser americano até em pensamento. Havia uma coisa chamada americanismo. E a falta do pensamento adequado podia fazer de um cidadão americano um antiamericano. O teste era ideológico. E por isso tivemos uma coisa chamada Comitê de "atividades antiamericanas" da Câmara, em primeiro lugar. Outros países não pensam em termos de, digamos, "atividades antibritânicas" como uma categoria política. Mas o nosso foi o primeiro dos modernos países ideológicos a nascer de uma doutrina revolucionária, e vem mantendo a crença de que o regresso à pureza doutrinária é o segredo da força nacional para nós.

Bem a propósito, o termo "atividade antiamericana" foi cunhado por um liberal, o deputado Samuel Dickstein, que apresentou um projeto para que se formasse um comitê permanente para investigar tendências pró-germânicas do *Bund* teuto-americano. Bem a propósito, também, quando foi finalmente formado em 1938, o Comitê tornou-se fruto de um acordo entre aqueles que queriam investigar radicais e socialistas, bem como fascistas. Os liberais americanos elaboraram um teste ideológico que a ala da direita aplicou com maior amplitude e ferocidade do que os liberais pretendiam a princípio. Assim se resume a história do programa de lealdade de Truman e o expurgo do Departamento de Estado em 1947. Tais medidas, com frequência, foram tomadas na esperança de evitar atos mais repressivos por parte da ala da direita. Em vez disso, acabaram por legitimar medidas posteriores mais rigorosas. Todos os excessos subsequentes se originaram do princípio básico de se autotestar ideologicamente.

Se não é suficiente possuir cidadania e obedecer às leis, se devemos também apoiar as proposições do americanismo, acabamos criando duas classes de cidadãos: os leais e puros doutrinariamente, e aqueles que, sem realmente infringirem qualquer lei, são considerados antiamericanos, deficientes em seu americanismo. Esses últimos podem sofrer perseguições; ser espionados, forçados a ser fichados, privados de cargos públicos e outros tipos de coisas.

Torna-se fácil explicar assim a perseguição movida pelo FBI, muito além do que permite a lei, contra os membros da Ku Klux Klan. Afinal de contas, nosso país foi concebido em liberdade e dedicado à proposição de que todos os homens nascem iguais. Já que a Klan não acreditava na proposição americana, deixava de ser completamente americana, mesmo quando não infrigia a lei. Mas uma vez concretizada uma tal divisão de cidadãos, abre-se uma caixa de Pandora. Como podemos saber o que pensam os outros das doutrinas do americanismo, a menos que investiguemos seus pensamentos, forcemo-los a confessar suas lealdades, treinemos as crianças na ortodoxia do governo? Não estamos sempre em guerra contra o erro, tanto em nosso próprio solo quanto em solo estrangeiro? E não são as medidas de guerra sempre justificáveis? Não somos todos nós deficientemente dedicados à nossa doutrina autoconstituída, e assim, não devemos sempre nos testar, fazer exigências, nos treinarmos para um americanismo mais completo? Não somos apenas um país. Somos um Ismo. E a verdade deve ser levada além de quaisquer fronteiras — não pode admitir erros. Daí, o discurso de John F. Kennedy: "Nas eleições de 1860 Abraham Lincoln declarou que a questão era se esta nação poderia sobreviver meio-livre e meio-escravizada. Nas eleições de 1960, e com o mundo todo a nossa volta, a questão é se o mundo pode existir meio-livre e meio-escravizado." Na batalha das mentes, quem não é totalmente devotado à proposição da liberdade é um inimigo. O reinado do Comitê se alimentava de abundantes fontes históricas para explicar seu poder.

É uma pena que o macarthismo tenha recebido seu nome teleologicamente de seu produto mais perfeito — e não geneticamente —, o que nos teria dado o trumanismo. Estudando o macarthismo em termos do próprio período de aliciamento de comunistas, levado a cabo por Joseph McCarthy (1950-1954), um grupo de estudiosos descreveu a moléstia como sendo uma descompensação entre o Congresso e o Executivo (contribuindo, assim, para uma glorificação pré-Nixon da presidência imperial). É verdade que o Executivo se opôs a comitês de investigação na época de McCarthy; mas em 1947 o presidente não apenas cooperou com tais comitês, como lhes forneceu os meios para que se tornassem poderosos. O secretário de Estado George Marshall cooperou com o senador Styles Bridges e o congressista John Taber no expurgo do Departamento de Estado. O procurador-geral Clark cooperou com o Comitê da Câmara na "investigação" de Eisler. J. Edgar Hoover compareceu perante o Comitê para elogiar seu trabalho e conseguir o apoio do Congresso para suas próprias e vastas sondagens de lealdade. Em março de 1947, quando Truman baixou uma portaria presidencial ordenando os testes de lealdade, ele indicou os arquivos do Comitê de Atividades Antiamericanas da Câmara como fonte oficial de provas das ligações dos funcionários. O Comitê deu-lhe os parabéns por seu ato, e aceitou os créditos pelo expurgo do Executivo. As audiências de Hollywood de 1947 não ameaçavam Truman — quanto mais o Comitê se afastasse de Washington em suas investigações, mais feliz ele ficava. Apenas quando o Comitê tentou roubar o estrelato do Departamento de Justiça perante o Grande Júri de Nova York foi que Truman retrocedeu em sua cooperação com o Comitê — mas já era tarde demais. O Grande Júri tivera oportunidade de ouvir uma testemunha cujo nome era Whittaker Chambers, e o congressista Nixon tinha recebido dessa testemunha alguns documentos que se recusou a entregar ao Grande Júri.

No entanto, mesmo quando Truman cancelou as audiências do Comitê por considerá-las uma "cortina de fumaça" em 1948, não estava tomando as medidas enérgicas que tomaria na época de McCarthy. Na sua opinião, conduzir investigações nessa divisão especial do Congresso, que ele havia exigido no período entre as convenções do partido até as eleições, desviava a atenção do trabalho de aprovar seu programa econômico. Na verdade, o triunfo de 1948 do Comitê no caso Hiss tinha sido vantajoso para Truman. Alger Hiss talvez tivesse tido ligações com o *New Deal* no passado, mas seu trabalho atual era com John Foster Dulles, no *Carnegie Endowment for International Peace*. Ainda mais importante, a principal testemunha contra Hiss, Whittaker Chambers, declarou que uma cela comunista havia se formado dentro da Administração de Adaptação Agricultural do *New Deal* de Henry Wallace — e dois dos indicados — Lee Pressman e John Abt — estavam trabalhando esforçadamente na campanha presidencial de Wallace em 1948. Dois outros que apoiavam Wallace — Harry Dexter White e Victor Perlo — foram taxados de comunistas pela testemunha do Comitê, Elizabeth Bentley. O Comitê de fato convocou essa gente para testemunhar durante a campanha pleiteando a Quinta Emenda. Truman temera mais a ameaça de Wallace do que uma divisão sulista, e seus colaboradores tomaram sofisticadas medidas para sufocar a ameaça. O Comitê apenas completou o trabalho começado.

Henry Wallace rompera com a administração Truman devido ao rumo agressivo que nossa política exterior tomara em 1947. Ele considerava a Otan, em especial, um substituto *de facto* para todos os nossos compromissos assumidos com as Nações Unidas, uma confissão de que a paz cedera lugar à guerra. Sua análise da estratégia de Dean Acheson, afastando-se da Doutrina Truman para chegar ao Plano Marshall e à Aliança do Atlântico lembra a feita hoje pelos revisores da História — o que vem provar que a análise de hoje não é apenas o resultado do que poderia ter sido. Além disso, a eficácia da primeira crítica de Wallace prova que a visão que Acheson tinha do mundo somente depois adquiriu o ar de retidão inquestionável. A administração mantinha-se ocupada em 1947 pendurando bandeiras nacionais em todos esses programas, temendo que algumas dessas bandeiras escorregassem. Logo no princípio do rompimento entre Wallace e Truman, uma pesquisa de opinião mostrou que 24% dos democratas votariam em Wallace contra Truman. Pairavam dúvidas ainda se Truman seria o herdeiro natural do *New Deal*. Mas Wallace, que foi o primeiro vice-presidente de Roosevelt em tempo de guerra, também havia sido um dos fundadores do *New Deal*.

Clark Clifford, estrategista da campanha presidencial de Truman, em seu famoso memorando de novembro de 1947, identificou Wallace como sendo a maior ameaça à sua reeleição. Recomendava que Truman afastasse essa ameaça "nomeando para o primeiro escalão figuras tiradas das fileiras dos progressistas", oferecendo um programa de direitos civis ("o sul pode ficar seguramente... esquecido") e "isolando" Wallace: "A administração deve convencer liberais e progressistas importantes — e mais ninguém — a se apresentarem publicamente para a batalha. Deve denunciar que o grosso do apoio dado a Wallace o é por comunistas e camaradas." A tarefa de liberais de proa — principalmente da organização Americanos pela Ação Democrática (AAD) — seria fazer o trabalho do Comitê de maneira mais sofisticada, e contra seus próprios companheiros.

A AAD estava pronta. Os "maiores e melhores" homens da América, na condição de funcionários, cientistas, peritos, agentes de informações haviam conduzido a triunfante cruzada da América contra o fascismo. Pretendiam perpetuar a benevolência da América em dispor das liberdades do resto do mundo, usando as armas criadas por suas mentes (principalmente a bomba atômica) a fim de reforçar sua visão wilsoniana do mundo. Se tivessem de ganhar apoio num país ainda isolacionista com o auxílio de algumas escaramuças ("deixem o país morto de medo"), os lucros valeriam o preço. Além disso era fácil para qualquer liberal ter comparecido a reuniões agora estigmatizadas pela Lista do procurador-geral, ou ter trabalhado ombro a ombro com os russos durante a guerra. Testemunhas do mundo artístico intimadas pelo Comitê aprenderam a quem procurar para confirmação de sua lealdade como americanos — Hedda Hopper na Costa Oeste, George Sokolsky na Costa Leste. Em 1947, a maneira de um liberal intelectual estabelecer suas credenciais anticomunistas era através da AAD, que se fundamentava na "pragmática" União para Ação Democrática de Reinhold Neibuhr durante a guerra. Fundada no arrastão das eleições de 1946, que devolveu o Congresso aos republicanos, a AAD pensou poder evitar reações posteriores com a realização de seus próprios expurgos de comunistas. Quando o Plano Marshall foi proposto, esses liberais fizeram dele a pedra de toque do anticomunismo esclarecido. A AAD aceitou tanto a herança do *New Deal* quanto a do Escritório de Serviços Estratégicos. (A CIA foi outra dádiva de Truman para os americanos em 1947.)

Os que criticavam a agressividade de Truman fundaram, em 1947, a organização "Cidadãos Progressistas da América" (CPA), uma espécie de anti-AAD em vários sentidos, inclusive na relutância em levar avante seus próprios expurgos apenas porque o governo talvez pudesse posteriormente expurgá-los, e com menos discriminação. Ingenuamente pensavam que expurgos não diziam respeito às organizações políticas dos Estados Unidos. Os poucos comunistas sérios aos quais se permitiu uma vida política aberta pertenciam à CPA. Era o caso de radicais como Lillian Hellman. Quando Henry Wallace saiu à cata de apoio para sua campanha presidencial em 1948, o grosso desse apoio veio da CPA, e Lillian Hellman dedicou-se inteiramente à sua campanha.

Lillian Hellman não é apenas a principal dramaturga de nossos tempos, mas também de toda a história deste país. Suas peças não são cruamente políticas, como os frutos do Teatro de Operários — o que talvez explique por que escapou ao primeiro avanço das investigações em Hollywood. (Fora roteirista cinematográfica das mais famosas.) Não foi omitida, certamente, por qualquer hesitação de sua parte em aliar-se às causas radicais. A lista dela deve ter aquecido o coração de J.B. Matthews em noites frias. Além disso, há décadas levava vida em comum com Dashiell Hammett, que provavelmente era comunista. A eminência de Lillian Hellman na campanha eleitoral de Wallace colocou-a, sem dúvida, em várias centenas de listas. Mas, na verdade, atraiu para si os olhares dos caçadores de comunistas quando emprestou seu patrocínio à Conferência Cultural e Científica pela Paz Mundial congregada no Waldorf-Astoria, na primavera de 1949.

A Conferência do Waldorf está quase completamente esquecida agora, mas ocupou boa parte do Departamento de Estado na época. Decisões talmúdicas foram tomadas a respeito de quem conseguiria vistos de cada país, e quem não conseguiria. Às vésperas da conferência, o departamento divulgou uma declaração de 26 páginas na qual se explicava que alguns artistas e intelectuais haviam sido proibidos de entrar no país porque a *Rússia* era ainda *pior* na concessão de vistos de entrada (novamente, a preempção ideológica). As sessões foram vigiadas por uma verdadeira concentração dos serviços de informações, como jamais se vira antes, embora sejam agora coisa corriqueira. Na sessão de encerramento, a força policial permitiu que mil piquetes circulassem, mas teve de impedir que cinco mil outros fizessem o mesmo. A comunidade intelectual encontrava-se dividida. Sidney

Hook organizou uma contraconferência para anticomunistas, patrocinada pelos "Americanos pela Liberdade Intelectual" *ad hoc*. Homens como Arthur Schlesinger Jr. e James Wechsler atenderam à convocação de Hook. Outros guardiões do liberalismo americano, como Mary McCarthy e Dwight MacDonald, compareceram às sessões da conferência com a intenção de interrompê-las. Dimitri Shostakovich foi, em nome da liberdade, publicamente insultado por não ser livre. Norman Cousins, que se recusara a ir à sessão de abertura da conferência, mudou de ideia quando o Departamento de Estado pediu-lhe que fosse e atacasse a conferência, declarando aos visitantes estrangeiros que seus anfitriões eram uma pequena e desonrada minoria da América. A declaração causou tumulto, que acabou em gargalhadas quando Lillian Hellman disse, do *podium*:

— Eu não sabia, até este momento, que um hóspede tem o direito de insultar seu anfitrião na própria mesa deste. Recomendo meu próprio método, sr. Cousins, que é esperar até que se chegue em casa para fazê-lo.

A própria srta. Hellman tinha sido convidada pelo nosso governo a visitar a Rússia durante a Segunda Guerra Mundial — antes de abandonarmos *essa* linha. Ela fez amizades que estavam acima de qualquer linha de governo, e assim prestou auxílio para que artistas e sábios se reunissem e discutissem aquilo que depois (quando tomamos uma nova linha) seria chamado de "detente". Foi tarefa difícil de propor e ainda mais difícil de realizar. O governo tentou evitar a reunião pelo sinistro uso dos regulamentos de concessão de vistos. No fim, comunistas confessos tiveram menos dificuldade em comparecer do que simples esquerdistas estrangeiros — os países comunistas concederam vistos a seus porta-vozes na qualidade de representantes oficiais de suas nações (que seriam atacados, durante sua permanência aqui, por representarem seus países — *se não* fossem representantes, seus vistos teriam sido negados). Os quatro participantes ingleses, nenhum deles comunista, não conseguiram os vistos. O mesmo se deu com um padre católico da França. Organizações patrióticas faziam ver à América que devíamos manter-nos livres — livres de ser expostos aos olhares de tal gente.

Nessa ocasião, era evidente que o Comitê da Câmara mostrava-se omisso em não intimar Lillian Hellman. O temor e o ódio contra os comunistas exacerbou-se em 1949, com a conquista da China por Mao, a explosão da primeira bomba atômica russa, e, em julho de 1950, com a deflagração da guerra na Coreia. Em 1950, McCarthy fez suas primeiras acusações e Alger Hiss foi condenado. O palco estava pronto para a encenação de terror do macarthismo. Em março de 1951 os Rosenberg foram condenados à morte, e o Comitê começou uma nova série de audiências para Hollywood. Em junho, Dashiell Hammett recusou-se a fornecer os nomes dos que haviam contribuído para o fundo do Congresso dos Direitos Civis, e foi encarcerado por desrespeito à Corte. A hora de Lillian obviamente se aproximava. Chegou quase um ano depois da prisão de Hammett.

O estado de espírito em 1952 era muito mais lúgubre do que em 1947. Foi fácil caçoar do Comitê durante seu primeiro ataque a Hollywood — a sala de audiência parecia um circo. Ainda era, então, o velho Comitê Dies, a ranzinza ovelha negra do governo. Mas em 1952 o Comitê que havia mandado Alger Hiss para a cadeia empurraria Richard Nixon para a vice-presidência. Mesmo o Comitê de McCarthy na Câmara dos Representantes sugou muito do perigo que o alimentava do Comitê da Câmara. A caça, no entanto, era rara para os caçadores de comunistas. Já não havia casos como o de Hiss e dos Rosenberg. O Departamento de Estado já sofrera expurgos e mais expurgos. As velhas listas amareleciam. As agências federais já não se mostravam tão prestativas. Era difícil encontrar provas. Por falta de combustível apropriado, o fogo começava a arder na própria estrutura do governo. As acusações tornaram-se mais absurdas — o general Marshall protegia traidores, o Exército era desleal. Loucamente, a própria falta de resultados de McCarthy alimentava a suspeita — o governo punha panos quentes com sucesso, os comunistas continuavam soltos. Para as testemunhas intimadas a comparecer perante o Comitê, a provação era mais severa, embora mais e mais a Quinta Emenda fosse invocada como defesa. Aos olhos do público, essa defesa não era defesa. Recusar-se a responder era uma confissão de culpa — e se, por um lado, impedia uma sentença de prisão, por outro lado levava com frequência ao desemprego. A tentativa de salvar sua posição, ou seu status, ou um Oscar da Academia, levou homens como Larry Parks e Elia Kazan e Jose Ferrer a apontar pessoas não culpadas na ânsia de desmentirem uma culpa que não possuíam e à qual o Comitê chamava de inocência. Rastejava-se de maneira ainda mais abjeta do que no tempo de Robert Taylor. "Eu vendi você, e você me vendeu."

É bom recordar o período a fim de compreender o impacto da carta de Lillian Hellman ao Comitê em 1952: "Não posso e não devo retalhar minha consciência apenas para seguir a moda do ano." E, porquanto notificara o Comitê de que invocaria a Quinta Emenda apenas se forçada a denunciar outros, ela confessadamente não estava aceitando a intimação como deveria — isto é, em sua própria defesa. Poderia ter sido condenada por desrespeito, e causou admiração que não o fosse. O *Time* insinuou que ela salvara-se graças ao histrionismo — seu advogado, Joseph Rauh, distribuiu cópias de sua declaração assim que ela surgiu.

O encontro era particularmente perigoso porque Lillian Hellman tinha tão poucas qualificações para entender o Comitê quanto este para entender o código de honra da acusada. Ela escreve que não podia crer que homens como McCarthy e Chambers fossem sinceros. A mentalidade do ideólogo lhe é tão alheia que ela tem necessidade de explicar a si mesma o fanatismo como uma forma de oportunismo. Na verdade, os caçadores de comunistas eram tão perigosos precisamente por se considerarem os salvadores da pátria contra um complô diabólico.

Um dos piores resultados da nossa geralmente confusa terminologia política é a tendência para pensar naqueles que englobam a esquerda como pontos de um *continuum* deslocando-se do centro. A diferença entre, digamos, liberais, socialistas, radicais e comunistas é uma questão de grau num *continuum*. (Agradava ao Comitê trabalhar por esse modo, mas — surpreendentemente — muitos esquerdistas fazem o mesmo.) Existem, contudo, entre alguns desses grupos, diferenças básicas cuja importância é maior do que qualquer localização "geográfica" num *spectrum* esquerdista. Os liberais da Guerra Fria eram ideólogos, e ideólogos se reúnem no mesmo campo, mesmo que seja para a peleja. Radicais como Lillian Hellman e Hammett dificilmente encontram sequer o campo de batalha. A imagem popular do radical é a de um "guerrilheiro urbano" rebelde e irresponsável. Mas quase todos os radicais que conheci eram extremamente gentis. Opõem-se à degradação geral, não com "soluções" de programas, mas com um código pessoal que torna possível sentir orgulho numa ordem social vergonhosa. Não desejam ver-se implicados na responsabilidade por crimes da sociedade, o que vem a significar que têm de assumir uma espécie particular de responsabilidade pelos seus próprios atos.

Por contraste, a ideologia é uma *fuga* às responsabilidades pessoais. Alguém como Whittaker Chambers deseja que se lhe diga o que fazer, deseja ser o escravo da História. O desejo dos ideólogos é que outros lhes passem certificado de idoneidade — senão pelo Comitê ou pelo Partido, então pela AAD.

Querem que seus ódios lhes sejam impostos por um programa nacional. O radical pensa na virtude pessoal, enquanto o ideólogo pensa na ortodoxia. O radical detesta gente perigosa e maligna, enquanto o ideólogo detesta ideias heréticas independente da simpatia dos proprietários dessas ideias. O radical tenta soerguer sua honra pessoal num mundo podre — tal qual os "detetives" de Hammett, servindo a sociedade sem contudo respeitá-la, vendo homens e não apenas o crime abstrato nas vítimas de suas caçadas. Hammett cultivava o instrumento mais autocontundente da humanidade: a ironia, e os irônicos transformam-se em terríveis cruzados. A pior coisa que poderia ter acontecido no mundinho tímido dos ideólogos comunistas da América seria mais uma dúzia de Hammetts.

Lillian Hellman criou-se no Sul, lugar de ferocidades morais ambivalentes, mas também de intenso personalismo. Ela está para a ideologia assim como Faulkner está para o racismo — empenhada demais em seus amores e rancores pessoais para poder concentrar seu ódio num programa. Os radicais são bons em odiar, já que sabem concentrar seu ódio. Já o ódio ideológico é mais frio, porém mais difuso — resultado de extensas listas e memórias longas, de, inclusive, *vendettas* impessoais, de calma voracidade. Esta gélida face da ideologia está tão distante do mundo moral de Lillian Hellman que chega a ser quase invisível. Ela passa sua vida a criar personagens humanos vivos e individuais num palco; a ideia de um McCarthy disposto a destruir classes inteiras e categorias de pessoas é quase terrível demais para ser suportada.

Hilaire Belloc escreveu que Danton foi destruído porque impedia o bom-senso no Programa. Contudo, Danton ajudara a lançar o programa revolucionário. Seu relacionamento com Robespierre assemelhava-se ao relacionamento entre os liberais da Guerra Fria e o Comitê. Pois, por incrível que pareça, o polo do liberalismo da Guerra Fria, num *continuum* do pensamento americano, não era o radicalismo de esquerda, mas o próprio Comitê.

Esta não era a bandeira de Lillian Hellman. E ela chegou ao campo de luta armada não com armas ideológicas, mas com seu código pessoal, com decência a peito aberto — que é, às vezes, a mais poderosa das armas. O extraordinário impacto de sua presença nasce desta atração não ideológica e atinge diretamente sentimentos pessoais de orgulho e lealdade, a espécie de "lealdade" que nada significava para o Comitê, mas que fazia seus testes parecerem tolos e falsos. Joseph Rauh, que antes já se apresentara para defender outros constituintes perante o Comitê, diz que a tomada de posição de Lillian tornou muito fácil para aqueles que vieram depois dela desafiar o terror de fornecer nomes. Eric Bentley diz em seu livro sobre o Comitê que sua presença foi "um marco", e Walter Goodman nota que Arthur Miller repetiu os argumentos por ela apresentados quase que literalmente. Murray Kempton diz que o testemunho de Lillian foi um rasgo de esperança no mais recôndito e escuro âmago do macarthismo.

Em que pese sua estatura literária, ela pouco se assemelha a uma heroína daquela época sombria, uma mistura de moleque e senhora sulista, amedrontada mas indomável, em seu "vestido de testemunhar", de Balmain. Cumpre, no entanto, recordar que Dashiell Hammett inspirou-se nela para criar Nora Charler em *The Thin Man* (cuja edição o senador McCarthy tentou recolher das livrarias de além-mar). E quando um policial encontra Nora em seu mais independente estado de espírito, ele acaba por afastar-se abanando a cabeça relutantemente admirado e dizendo que ela é uma mulher dura de roer. Sem dúvida foi o que o presidente do Comitê, Wood, sentiu naquela tarde de 21 de maio de 1952.

GARRY WILLS,
autor de *Os assassinos do Button's Club*, Rio de Janeiro:
Francisco Alves Editora, 1980.

Por duas vezes tentei escrever sobre a época que veio a ser conhecida como o período macarthista, mas o que escrevi não me agradou muito. Os motivos que me impossibilitavam de relatar meu papel nesse período triste, cômico, desgraçado de nossa história me pareciam muito simples, embora na opinião de algumas pessoas eu os evitasse por questões misteriosas. Não havia mistério. Eu tinha lapsos estranhos, sempre difíceis de explicar. Neste momento tento me convencer de que se eu for capaz de enfrentar esses lapsos talvez consiga superá-los.

A estranheza maior era, e ainda é, minha incapacidade de sentir ressentimento contra as figuras centrais do período, os homens que me puniram. Os senadores McCarthy e McCarran, os deputados Nixon, Walter e Wood, todos eles eram o que eram: homens que inventavam quando necessário, e que difamavam mesmo quando desnecessário. Não creio que acreditassem muito, se é que chegavam sequer a acreditar no que diziam: a hora era propícia para uma nova onda nos Estados Unidos, e eles abocanhavam sua oportunidade política orientando-a pelas possibilidades de cada dia, jogando para escanteio tudo e todos que atravessassem seu caminho.

A nova onda, contudo, não era tão nova assim. Começara com a Revolução Soviética de 1917. A vitória da revolução, e, em consequência, a ameaça que representava, havia-nos perseguido durante os anos seguintes, desviando a retaguarda da história quando a Rússia se tornou nossa aliada na Segunda Guerra Mundial e, justamente porque se tratava de uma aliança tão anômala, os temores recrudesceram após a guerra, ocasião em que tantos pensaram que a Rússia assumiria a soberania da Europa Ocidental. Foi então que a revolução chinesa provocou uma enorme convulsão nas sociedades capitalistas, dando-nos, a certa altura, a convicção de que poderíamos ter evitado tudo se ao menos... "Se ao menos" nunca se explica pela lógica, mas a época prescindia de lógica.

Não foi naquele ano que nasceu o medo do comunismo, mas a nova China, aliada da Rússia naqueles dias, tinha base mais sólida e havia muitos homens e mulheres sinceros que, compreensivelmente, temiam que seu agradável modo de vida pudesse terminar no curto espaço de um dia.

Não constituía fato inédito na história que as perplexidades de pessoas sinceras fossem agarradas no ar por canalhas baratos que ouviam uns poucos compassos de notas populares e os transformavam numa ópera de caos público, encenada e cantada, como provam muitos dos depoimentos no Congresso, nas enfermarias de um hospício.

Um tema é sempre fundamental; um tema fácil, simples, sem floreados, para confundir os ignorantes. Foi tarefa fácil tirar os temas anticomunistas da cartola do mágico, não somente porque temíamos o socialismo, mas principalmente, creio, para assumir os frutos e o trabalho, por vezes avançado, da gestão Roosevelt. O grupo macarthista — termo geral que engloba todos os rapazes, comentaristas políticos, congressistas, burocratas federais, agentes da CIA — escolheu o pânico anticomunista talvez com cinismo maior do que o de Hitler ao se fixar no antissemitismo. Ele, a história já não tem como negar, acreditava firmemente na impureza dos judeus. Mas é impossível recordar o rosto ébrio de McCarthy — muitas vezes iluminado por uma certa crueldade mundana, como se zombasse daqueles que o levavam a sério — e acreditar que ele próprio pudesse levar a sério outra coisa que não os seus pesadelos de bêbado. E, a julgar pelos rumores, os pesadelos deviam ser fonte de maiores preocupações do que a possibilidade de um tanque comunista desfilando pela Avenida Pennsylvania, conquanto, em seu caso, um tanque talvez o tivesse perturbado. Quanto às convicções do sr. Nixon, se é que as tinha de fato, o melhor é deixá-las a cargo de alegres historiadores de pouco fôlego como o sr. Theodore White. Mas resta o direito de acreditar que se Whittaker Chambers*

---

*Em agosto de 1948, Whittaker Chambers compareceu perante o Comitê de Atividades Antiamericanas da Câmara. Chambers, editor-chefe do *Time*, confessou ao Comitê que já havia sido comunista e mensageiro secreto. Indicou o nome de dez homens como sendo seus correligionários, dentre os quais o mais conhecido era Alger Hiss, ex-funcionário do primeiro escalão do Departamento de Estado. Chambers acusou Hiss de ter-lhe entregue papéis secretos do Departamento, que guardara, escondendo-os numa abóbora, em sua fazenda em Maryland. Hiss foi indiciado, duas vezes julgado, e passou quase quatro anos na prisão. Em 1975, descobriram que os papéis secretos da abóbora nada tinham de secretos, nem de confidenciais. Na verdade, não passavam de documentos não classificados, que no jargão de Washington significa que qualquer um pode ter acesso a eles.

era capaz de pensar numa abóbora, e ele era mesmo, o sr. Nixon podia se agarrar a esse estranho esconderijo com a ânsia de um homem que já sente profundo desprezo pela inteligência do povo. E tinha razão.

Mas nenhum desses homens, nem mesmo naquela terrível manhã do meu depoimento perante o Comitê, me interessou ou me perturbou seriamente. Nem então, nem agora. São o que são, ou eram, e não estão ligados a mim nem por laços de sangue nem por afinidade. (A minha própria árvore genealógica ostenta vilões muito mais interessantes, de outra estirpe mais espirituosa.)

Já tive oportunidade de escrever antes que meu choque e minha raiva se dirigiam contra aqueles que eu julgava pertencerem ao meu mundo, embora, em muitos casos, eu conhecesse os homens e mulheres desse mundo apenas de nome. Até o fim da década de 1940, eu acreditava que os cultos, os intelectuais viviam pelo que chamavam ser suas crenças: liberdade de expressão e de pensamento, o direito de cada um às suas próprias convicções, uma promessa mais que implícita, portanto, de apoio àqueles que pudessem vir a ser perseguidos. Mas muito poucos se atreveram a levantar um dedo quando McCarthy, e seus rapazes entraram em cena. Quase todos, por ação ou omissão, contribuíram para o macarthismo, correndo atrás de um trem que não se dera ao trabalho de parar para apanhá-los.

Hoje, como ontem, simplesmente me sinto traída pela tolice na qual acreditei. Que direito tinha eu de pensar que os intelectuais americanos eram capazes de lutar, quando a luta poderia prejudicá-los? A história é curta demais para chegar-se a tal conclusão. Muitos deles foram buscar nos pecados do comunismo estalinista — e havia muitos pecados, mas também havia muito do que erroneamente neguei durante longo tempo — as desculpas para se aliarem àqueles que deveriam ter sido seus inimigos hereditários. Talvez seja este, em parte, o ônus da imigração do século XIX. Os filhos de imigrantes tímidos são, com frequência, criaturas notáveis: dinâmicos, inteligentes, trabalhadores; e, em geral, se saem tão bem que se dispõem a preservar sua herança a qualquer custo. No barco conservador, os aristocratas locais receberam sua companhia de bom grado — escreviam melhor inglês, haviam lido mais livros, falavam mais alto e com maior fluência.

Mas não me agrada escrever sobre minhas conclusões históricas — não faz o meu gênero. Digo-me que desta terceira vez, se me prender ao que sei, ao que aconteceu comigo e com outros, terei a chance de escrever a minha própria história daquela época.

Não sei em que ano eu, que sempre fui uma rebelde sem rumo — não apenas no sentido que se aplica a quase toda a minha geração, mas também porque tive a oportunidade de testemunhar o enriquecimento da família de minha mãe à custa do trabalho escravo —, descobri que minha rebelião começava a deitar tenras raízes políticas. Acho que isso começou com a minha descoberta do Nacional Socialismo quando me encontrava em Bonn, na Alemanha, com a intenção de me matricular na universidade. Levei meses para compreender o que estava ouvindo. E, pela primeira vez na minha vida, pensei no que era ser judeu. Mas não estava ouvindo apenas o antissemitismo. Da boca de jovens da minha idade eu ouvia também os brados dos futuros conquistadores, os sons da guerra.

Voltei à pátria para encontrar uma depressão econômica que levaria meu pai à ruína. Essa mesma depressão ajudaria muito Arthur Kober, meu marido, com um emprego em Hollywood como roteirista. O salário que ganhava, no entanto, tinha menos valor do que deveria, já que as tormentas na indústria cinematográfica eram tão avassaladoras que um dia de sorte não passava de um dia de sorte.

De qualquer forma, o emprego firme de Arthur não me importava muito, pois me divorciei em 1931 e fiquei desempregada. Confesso, eu não precisava tanto assim de um emprego, já que, naquela ocasião, estava vivendo com o escritor Dashiell Hammett, que além de ganhar muito dinheiro, repartia-o comigo e com quem mais aparecesse. Mas isso também não era uma solução: quando se está acostumada a trabalhar, viver à custa de outrem nunca é uma solução. E durante três ou quatro anos não existiria solução para mim, embora a eleição de Roosevelt desse a muita gente, e a mim também, as primeiras esperanças de que talvez pudéssemos participar de nossos próprios futuros, através do nosso próprio governo. (É óbvio que ninguém tinha coisa alguma a ver com os governos de Coolidge ou Hoover.)

Em fins de 1934, minha primeira peça, *The Children's Hour*, foi um sucesso estrondoso. Terminados estavam os dias de viver à custa dos outros, e, por muitas razões, foi um tempo bom demais. Mas com o sucesso veio uma certa culpa. Desconfio de sentimentos de culpa tanto em mim quanto nos outros — em regra, não passam de um subterfúgio para se fugir aos pensamentos ou de se proclamar nossas excelsas sensibilidades para delas nos livrarmos mais depressa. Mas quanto a esta culpa em particular, ela se originou da minha boa sorte e ainda me dá prazer, pois me indicou um rumo. Até os aborrecimentos que me causou valeram a pena.

Já escrevi antes, e devo escrever novamente, sobre Dashiell Hammett, uma vez que ele desempenhou papel tão importante em minha vida nas décadas de 1930 e 1940 (e por muito tempo depois, é claro, mas esta já é outra história). Os meados e os fins dos anos 1930 foram uma época na qual muita gente procurou soluções políticas radicais, assim como ele; e eu nos seus calcanhares preocupando-me com o que não o preocupava, inibindo-me com o que ele ignorava.

Tenho quase certeza de que Hammett juntou-se ao Partido Comunista em 1937 ou 1938. Não sei ao certo porque nunca perguntei, e mesmo que tivesse perguntado não teria obtido resposta, e o fato de abster-me sabendo que não haveria resposta reflete bem o nosso relacionamento. Não entrei para o Partido, embora tivesse sido levemente sondada por Earl Browder e o teórico do Partido, V. T. Jerome.

Por três ou quatro vezes, compareci com Hammett às reuniões: duas delas numa feia casa espanhola em Hollywood, uma ou duas em Nova York, num apartamento do qual não me lembro, com gente da qual não me lembro, talvez porque tenha saído logo depois. Havia umas sete ou oito pessoas na reunião em Hollywood. Três eu conhecia vagamente, e as outras formavam um grupo que chamei de "antiestético". Sem dúvida, o fato de o homem que parecia ser o diretor, ou líder ficar amarrando e desamarrando os cordões do sapato e recortando estranhas figurinhas de papel amarelo, espalhando-as pelo chão, distraiu minha atenção daquilo que poderia ter sido um debate sério. Outro homem usou incessantemente a expressão "a fisionomia do Partido". E como tudo o que seja frase de *expert* me interessa, eu queria muito descobrir o que isso significava. Duas mulheres, uma bastante jovem e a outra de meia-idade, falavam sem parar, principalmente uma com a outra e sempre em tom altamente irritado. Descobri depois que a mulher idosa era dona de uma boutique da moda, e me impressionou a força da convicção capaz de induzi-la a aliar-se a um grupo radical quando qualquer murmúrio sobre sua filiação política poderia custar-lhe o rendoso negócio (minha preocupação era inútil, pois quando a campanha anticomunista tomou impulso, ela transferiu sua loja para Santa Bárbara e nunca mais falou com o irmão, que foi para a cadeia por causa de sua filiação ao Partido Comunista). Na primeira ou na segunda reunião em Hollywood discutiu-se a Guerra Civil Espanhola. Surpreendeu-me que quando me queixei de que os russos não enviavam suprimentos abundantes — eu acabara de regressar da Espanha no outono de 1937 —, mas só o suficiente para manter os espanhóis lutando e morrendo por uma causa que já se sabia perdida, ninguém discordou nem defendeu a União Soviética. Talvez concordassem comigo, ou talvez não me achassem digna de uma resposta.

Seja como for, se assinei ou não uma ficha do Partido, isso pouco significou para mim. Eu não poderia adivinhar na época a importância atribuída alguns anos mais tarde a tal detalhe. Medo das consequências pouco teve a ver com minha decisão. O que quer que haja de errado com os brancos sulistas — *rednecks** ou coisa melhor — criamo-nos todos crendo que tínhamos direito aos nossos próprios pensamentos; que tínhamos o direito de seguir nossos próprios — ainda que estranhos — caminhos. E já que muito pouca gente da Nova Orleans da minha juventude tinha muito dinheiro, as considerações da classe média não pesaram muito na balança. Isto não se aplica à minha abastada família materna da classe média do Alabama, mas contra

---

*Pequeno lavrador, inculto e branco, do sul dos Estados Unidos. (*N do T.*)

ela eu já me havia revoltado antes, e adotara os padrões da família do meu pai, um grupo confuso de excêntricos que tanto acreditavam piamente na igualdade dos negros quanto na teoria de que todos os negros cheiravam mal devido a algo a que davam o nome de razões "glandulares". Porém, por mais confusos que fossem, havia neles uma generosidade de espírito e de dinheiro, e uma independência no modo de pensar, que não poderiam deixar de cativar uma criança rebelde.

Minha própria afeição pela raça negra talvez tenha brotado poucos dias após meu nascimento, ao me colocarem nos braços de minha ama de leite, Sofrônia, mulher extraordinária que permaneceu conosco durante muitos anos. Foi ela quem me ensinou a amar os negros pobres e, quando teve certeza dos meus sentimentos, tornou-se severa e disse que não bastava chorar pelos negros, pois "que tal a miséria dos brancos pobres?" Era uma mulher ranzinza que me deixou a raiva por herança, uma dádiva incômoda, perigosa e frequentemente útil.

Mas os meandros que levam daquilo que somos para aquilo em que nos tornamos são sempre muito primitivos e muito simples. Especialmente em se tratando de rebelião, que resulta evidentemente de um emaranhado das primeiras influências, dos livros que se leu, de qual professor ensinou o que e quando, e até mesmo da aparência que se tem. E, importantíssimo, de tudo aquilo que não se sabe ou que foi esquecido sobre si mesmo, e que nunca se saberá ou será lembrado. Se eu tivesse de tentar escrever tal história, desde a minha infância até as noites daquelas reuniões, eu surgiria como uma estudante aplicada, coisa que nunca fui, embora houvesse períodos em que me transformava numa sabichona literária, o que é bem diferente. Eles pouco se interessam pelo que não é teoria; raramente se interessam pelo mundo que as cerca, a menos que a teoria se aplique ao mundo.

No fim da década de 1930 e princípio de 1940, se por um lado eu tinha certeza de que não me enquadrava em nenhum partido político; por outro, os radicais, nacionais e estrangeiros, causavam-me admiração. Talvez por eu não o ser, eles me pareciam pessoas sérias e dedicadas. As discussões acaloradas, faladas e impressas sobre ditadura e depressão me intrigavam: eu não conseguia compreender como tal estado de coisas podia ser tolerado nos Estados Unidos, e pensava que, no fim, a Rússia, tendo alcançado o socialismo de Estado, poria cobro às transgressões da liberdade individual. Estava errada. Mas estavam igualmente errados muitos dos que tinham razão quanto à Rússia; pois utilizaram o seu anticomunismo para colaborar com as pessoas erradas, prática em uso até hoje.

Estou, é claro, simplificando minha história política em demasia: conflitos pessoais, problemas profissionais, bebida, dinheiro a rodo depois do sucesso de *The Children's Hour*, o meu tempo, Hammett, tudo teve a ver com as minhas convicções.

É verdade que Hammett tornou-se um radical engajado e eu não, mas por estranho que pareça creio que em nosso primeiro encontro fui eu, e não ele, quem chegou a certas conclusões inabaláveis. Lembro-me de estar sentada numa cama ao lado dele, nos primeiros meses da nossa união, ouvindo-o contar dos seus dias na Pinkerton, quando um alto funcionário da Anaconda Lopper Company ofereceu-lhe cinco mil dólares para assassinar Frank Little, o líder trabalhista. Ainda não conhecia Hammett tão bem a ponto de distinguir a raiva na voz calma, a amargura na risada. Portanto, comentei:

— Ele não poderia ter feito tal oferta a menos que você estivesse trabalhando para Pinkerton a fim de furar a greve.

— É mais ou menos isso — ele respondeu.

Fui para a sala de estar pensando: não quero ficar aqui, não quero estar com esse homem. Voltei para a porta do quarto para dizer-lhe isto.

Ele estava apoiado no cotovelo, olhando para a porta, como que à minha espera. Ele disse:

— Sim, senhora. Por que acha que lhe contei?

Ele pouco tocava no passado, a menos que eu lhe fizesse perguntas, mas repetiria tantas vezes o episódio do suborno no futuro que, conhecendo-o melhor agora, cheguei à conclusão de que era uma chave para a sua vida. Concedera a outro homem o direito de pensar que ele era capaz de matar, e o fato de Frank Little e mais três outros terem sido linchados no que ficou conhecido com o nome de o "Massacre de

Everett" deve ter sido, para Hammett, um horror contínuo. Acho que posso datar daí a certeza de Hammett de estar vivendo numa sociedade corrupta. Com o tempo, ele chegou à conclusão de que nada menos que uma revolução poderia destruir a corrupção. Não estou insinuando que uma experiência isolada o tenha levado a sua conversão ao radicalismo, mas, às vezes, é nas mentes mais complexas que a experiência mais simples acelera o mecanismo que já está em movimento.

É necessário repetir aqui o que já escrevi a respeito antes. Houve um período de quase vinte anos, talvez, entre o que ouvi sobre Frank Little e a condenação de Hammett em 1951. Nem sempre vivemos juntos durante esses vinte anos. Nem sempre moramos na mesma casa, na mesma cidade, e mesmo quando estávamos juntos, havia regras implícitas, porém rígidas, sobre a privacidade de cada um. Assim é que não tenho conhecimento real sobre sua filiação ao Partido Comunista. Ele foi condenado em 1951 por se recusar a fornecer os nomes daqueles que contribuíram para o fundo de auxílio do Congresso dos Direitos Civis do qual era um dos administradores. Não me lembro de ter ouvido esse nome, exceto um mês antes de sua prisão, e isto talvez porque ele nunca tenha visitado a sede da organização. Foi mandado para a prisão imunda de West Street em Nova York, depois de um julgamento sem precedentes, no qual se negou fiança, e depois o enviaram para o presídio federal em Ashland, Kentucky.

Estava adoentado quando foi encarcerado e saiu da prisão mais doente ainda, mas aceitou tudo de bom grado, obviamente feliz com sua capacidade de suportar qualquer provação que tivesse sofrido ou viesse a sofrer no futuro. Mas tínhamos temperamentos diferentes. Ele sabia que quando alguém discorda da sociedade, não importa que beatitudes proclamem seus homens, estes punirão sempre aqueles que a perturbam. Isto jamais me ocorrera. Quando eu discordava, estava apenas exercendo direitos herdados e, certamente não poderia haver punição por atos que me haviam sido ensinados por professores, por livros, pela história americana. Mais do que um direito, era meu dever falar ou agir contra aquilo que eu julgasse errado ou perigoso. Agora é ridiculamente tarde demais para reconhecer que nem sequer levei em consideração as ferrenhas, ardentes, violentas tragédias de absurdo que explodem nos Estados Unidos de vez em quando, uma das quais se achava em pleno desenvolvimento depois da Segunda Guerra Mundial.

O modo como Hammett reagiu à prisão foi estranho e frequentemente irritante: falava do tempo que passou na cadeia como, segundo me lembro, os jovens comentavam o modo como haviam sobrevivido ao vestibular ou a uma partida de futebol duramente disputada. Mostrava-se sempre contente por ser capaz de se adaptar ao que se fazia necessário. Aguentara durante quase três anos as inclemências do clima do Alaska e ilhas Aleutas durante a guerra, e diversas vezes me propôs nos mudarmos definitivamente para lá. Suas reações eram misteriosas para mim. Agora, tantos anos depois, entendo que nasceram de uma simples e antiquada autodisciplina de permeio com um simples e antiquado orgulho.

Seja como for, o que ele sentia a respeito da prisão não me ajudou quando me vi na possibilidade de ser presa. Eu sabia que não podia suportar o mesmo que ele. Sou geniosa e tenho explosões em horas estranhas por motivos estranhos, e então perco o controle: quando me deixam ficar esperando sem necessidade; quando sou empurrada para dentro de um trem ou de um ônibus; quando sou tratada ou vejo alguém ser tratado com desrespeito; quando sou injustamente acusada por algo que não fiz, ainda que por motivo corriqueiro — dá-se então, uma completa reação em cadeia que sou incapaz, no momento em que o gênio explode, de reconhecer o que é infantil. Hammett me conhecia a fundo, coisinhas desse tipo, e então, quando a prisão me ameaçou, menos de um ano depois de ele ter saído livre, utilizou o que sabia de mim para me resguardar do que ele pensava que eu não poderia seguramente suportar. Talvez estivesse certo, talvez não pudesse estar. Não poderia saber então, e continuo sem poder saber agora, pois não sofríamos do que os franceses chamavam de neurose a dois. Cada um de nós tinha a sua própria trouxinha, e seus conteúdos não se misturavam, não se chocavam e não se punham no caminho do outro. Ele começou a temer por mim no dia 21 de fevereiro de 1952.

Eu possuía e morava numa linda casa neogeorgiana na Rua East 82nd, com um inquilino sobre o meu teto. Como em quase todas as casas desse estilo, as visitas tocavam uma campainha no térreo e eram em seguida solicitadas a se identificarem num aparelho. Pouco se ouvia nesse tal instrumento, exceto sons cortados, e eu já estava cansada dele, por isso há muito tempo eu me limitava a apertar o botão sempre que a campainha tocava e ficava esperando o pequeno elevador subir ao meu andar. Um homem negro, de aparência acima de qualquer suspeita, como um diácono dominical, num terno que era tão certo/errado que só podia ser usado por alguém que quisesse passar despercebido, estava no elevador, respeitosamente de chapéu na mão. Perguntou-me se eu era Lillian Hellman. Confirmei e perguntei quem era ele. O homem entregou-me um envelope e disse que se achava ali para intimar-me a comparecer perante o Comitê de Atividades Antiamericanas da Câmara. Abri o envelope e li os termos da intimação. Comentei:

— Muita esperteza escolher um negro para este trabalho. Você gosta do que faz? — e bati-lhe a porta na cara.

Fiquei sentada durante uma hora segurando a intimação, sozinha na casa, com vontade de não falar com ninguém. Não sei por que me parecia não haver pressa. Fui verificar minha correspondência dos últimos dias, algumas das cartas já ditadas para a secretária que me servia duas vezes por semana, algumas ainda por ser respondidas. Um dos formulários preenchidos poucos dias antes, pronto para ser enviado, era o do *Who's Who in America*.

Creio que me diverti um pouco relendo o questionário. Eu já tinha escrito *The Children's Hour, Days to Come, The Little Foxes, Watch on the Rhine, The Searching Wind, Another Part of the Forest, The Autum Garden*. Havia coligido um volume de cartas de Tchekov e escrito a introdução; havia escrito roteiros de filmes e brincado com outros; havia pertencido a organizações, sindicatos — todos os detalhes que eu sempre tenho que verificar no *Who's Who* anterior porque nunca me lembro das datas.

Depois tirei um cochilo e acordei num banho de suor de perplexidade a meu próprio respeito. Telefonei para Hammett e ele prometeu tomar o primeiro trem saindo de Katonah, e que eu ficasse quieta e não fizesse nada até ele voltar. Mas eu já perdera a calma agora e não podia dar-me a este luxo.

Imediatamente procurei Stanley Isaacs, que havia sido diretor regional de Manhattan e que havia sofrido um ataque liderado por Robert Moses, porque um de seus auxiliares menos importantes era membro do Partido Comunista. Stanley suportara bem o ataque, embora o episódio tivesse abreviado sua carreira essencialmente republicana. (Eu o procurei, tal e qual uma admiradora desconhecida, tão logo ele reingressou na sua firma de advocacia, e lhe trouxe, nos anos seguintes, pessoas que o apreciavam e admiravam.) Isaacs era um homem admirável, mas creio que na época da minha intimação ele estava mais preocupado do que ousava admitir, sabendo que seu retorno à política — de fato, não haveria retorno para ele — só seria consertado com muita cautela. Nós nos gostávamos muito, e ele mostrou um rosto aflito ao me dizer que achava que não deveria se encarregar do caso, pouco conhecia da matéria, e juntos encontraríamos o homem certo.

Juntos não o encontramos. Nos dias que se seguiram, Stanley me sugeriu uma série de nomes, mas nenhum deles me agradou, e embora me lembre nitidamente desta parte, é estranho que não me recorde como cheguei, por conta própria, a telefonar para Abe Fortas. Eu não conhecia Fortas pessoalmente. É bem verdade, no entanto, que já ouvira falar dele e de sua firma, Arnold, Fortas e Porter. O sr. Fortas informou-me que estaria em Nova York no dia seguinte e que viria procurar-me.

E, se não me lembro como cheguei a telefonar-lhe, lembro-me de cada detalhe do nosso encontro: o tempo horroroso lá fora; o rosto magro e inteligente à minha frente, numa cadeira imperial que parecia incongruente para ele; e, sobretudo, os olhos que pareciam medir-me, o que sempre me deixa nervosa e que estava me deixando mais nervosa ainda naquele dia nervoso. Contei-lhe da intimação, ele fez algumas perguntas sobre o meu passado, nenhuma de grande importância, admirou os pássaros de porcelana sobre a lareira, tirou umas notas do piano fazendo careta ao tom, e virou-se para dizer que tinha um palpite sobre o qual me falaria, mas que eu não devia confundir palpite com assistência jurídica.

Seu palpite era que tinha chegado a hora, a hora certa, de alguém tomar uma posição moral contra aqueles imorais comitês do Congresso e não depender da proteção da Quinta Emenda. Na opinião de Fortas, a posição moral seria dizer, em essência, que prestaria testemunho sobre mim mesma, responderia a todas as perguntas sobre minha própria vida, mas que não abriria a boca para falar de ninguém mais, amigo ou desconhecido. Fortas julgava-me em condições de dizer exatamente isso, mesmo porque, de qualquer modo, eu pouco sabia das ligações comunistas de quem quer que fosse. O Comitê jamais acreditaria em mim, é lógico, e meus direitos legais correriam risco, pois eu estaria renunciando à proteção da Quinta Emenda. Quis dizer a Fortas que, por meu gosto, a posição moral seria declarar:

— Vocês são uma corja de safados, usando a vida dos outros para benefício próprio. Sabem muito bem que as pessoas intimadas a comparecer perante vocês nunca fizeram nada de errado, mas vocês as atormentam e forçam-nas a admitir pecados que nunca cometeram. Vão todos pro inferno e façam o que quiserem comigo.

Só que não disse nada disso a Fortas, pois sabia que nunca seria capaz de dizê-lo a ninguém.

(Mas durante uns cinco ou seis anos depois de meu comparecimento perante o Comitê, quando outras preocupações surgiram, e eu tinha insônia, levantava-me altas horas da madrugada e redigia versões da declaração que nunca fiz. Eu tinha certeza de que os danos do encarceramento não poderiam ser tão sérios quanto eu julgava naquela época. Depois, é claro, quando eu voltava à cama para ler a mais recente e fantasiosa versão do que eu não tinha dito, punha-me a pensar que era muito fácil fazer tudo isso depois que o medo tinha passado, era melhor eu esquecer tudo e começar a pensar como iria comportar-me quando os problemas voltassem.)

O que fiz na tarde da visita do sr. Fortas foi dizer que concordava com ele e que achava sua ideia boa para mim. Entretanto, não era assim que ele queria. Aconselhou-me a passar alguns dias ponderando tudo cuidadosamente para depois telefonar-lhe. Disse-lhe que não precisava de alguns dias e ele respondeu talvez, mas ele precisava, queria ponderar sobre o que havia sugerido. Antes de ir embora, Fortas disse que nem ele nem sua firma poderiam aceitar meu caso porque estavam representando Owen Lattimore, e Lattimore poderia prejudicar-me ou eu a ele. Mas conhecia um excelente advogado jovem e falaríamos sobre ele no nosso próximo encontro.

Meu temperamento é frequentemente irritadiço. Se as compras do supermercado não chegam na hora, ou se o milho cresce fraco, ou se o telefone não para de tocar, até mesmo com boas notícias, fico, como já disse, desnorteada. Mas quando o problema é grave, o nervosismo é sufocado tão fundo que a serenidade vem à tona, e conquanto eu pague caro pelos desastres depois que tudo ficou para trás, não tenho certeza se sou capaz de registrar um problema grave logo de início. Não sei por que isto me acontece, mas creio que tenho o senso de compreender que o único remédio é enfrentar os dissabores com controle, e qualquer suspeita de descontrole pode me arrasar. Foi esse o meu estado nos meses que se seguiram — e mais importante, na terrível semana seguinte.

Um dia após à visita de Fortas, contei a Hammett o que pretendia fazer. Raramente Dash demonstrava raiva, mas quando o fazia, sua forma de manifestá-la era olhar fixamente para mim. O olhar fixo prolongava-se frequentemente, como se procurasse o melhor jeito de lidar com uma mulher demente, e qual seria a melhor solução. Muitas vezes no passado eu já suportara esse olhar fixo, mas desta vez durou tanto tempo que fui ficando nervosa e saí para um passeio. Quando voltei, não tocamos em assunto algum, exceto o que faríamos para o jantar, e cometi o erro de pensar que ele havia decidido ficar calado, cuidar da própria vida, que era em geral o que fazia depois de passada a raiva. Estava errada. No meio do jantar, ele empurrou o prato e exclamou:

— É uma merda, uma simples merda liberal. Vão mandar você para a cadeia com uma sentença maior do que a normal. Não me interessa o que o sr. Fortas pensa, mas que você seja burra a ponto de acreditar que aqueles fedorentos vão prestar atenção na sua moral de alta classe. É duro para mim ver que você não se curou daquele lixo.

— Que fedorentos? O Comitê?

— Não só eles — respondeu. — Você sabe muito bem do que estou falando. O Comitê, a imprensa, os que você julga serem seus amigos, todos. Pro inferno com a ideia de convencê-la a ser sensata. Mas lembre-se, a prisão está cheia de ratos, e de gente dura, e que empurra os outros só por prazer, e de guardas que não a admiram, e comida que não dá para comer mas que se não comer jogam você na solitária. Vai ter um colapso nervoso, se não acontecer coisa pior.

A conversa, segundo meu diário, seria muitas vezes repetida com variações, na semana que se seguiu. Mas os dois dias seguintes foram os piores para mim. Eu não costumava fazer o que Hammett não aprovava, e ele sabia disso e era com isso que contava. Mas no terceiro dia, exausta por não dormir, eu disse:

Desculpe, mas desta vez devo fazer as coisas a meu modo.

Não houve resposta, e eu devia saber que não haveria. Continuei:

— As más notícias não acabaram. O Imposto de Renda não vai deixar você ter mais dinheiro; daqui a poucos anos o meu vai acabar, e vamos ter que vender a fazenda.

— O.k. — ele respondeu alegremente. — Você viverá o bastante para ter outra.

(Não vivi o bastante para ter outra, e já estou velha demais para pensar que poderia tomar conta de uma fazenda.)

Mas naquele dia, havia providências a serem tomadas. Telefonei a Fortas e disse que ponderadamente havia decidido que sua sugestão me servia. Ele respondeu que não sabia que precisava dizer-me que seu sócio achava a ideia toda uma loucura e de encomenda para me mandar direto para uma cela.

Dei risada.

— Ele disse que era uma merda liberal?

— Não — Fortas respondeu. — Ele só acha que é uma merda jurídica.

— Gostaria de ir a Washington, quanto mais cedo melhor, e ver o advogado do qual me falou.

Fortas marcou uma reunião entre mim e Joseph Rauh para o dia seguinte. Tomei um trem noturno para Washington, o que não foi uma boa ideia. Ainda guardo anotações soltas daquela viagem insone, cheia de solavancos. Eu devia pensar no Comitê da Câmara, creio, ou na reunião com Rauh. Ao contrário, pensei na fazenda e em como seria difícil contar a Kitty, a arrumadeira; e a Betty e a Gus Benson, meus colonos, que eu já não teria condições de manter a fazenda e que seria melhor procurarem outro emprego. Eram muito chegados a mim, os três, e recordei uma cena, apenas oito ou nove meses antes, que me fizera entender quão bons amigos eram.

No dia seguinte ao da prisão de Dash, telefonei para casa a fim de saber se havia repórteres por lá. Sim, havia, a varanda e o jardim estavam coalhados deles. Informei que não iria para lá; esperava que eles não estivessem muito aborrecidos. Telefonaria novamente dentro de poucos dias. Passei três dias num hotel e tornei a telefonar para a fazenda. Já não havia repórteres, ninguém. De Nova York fui para lá de carro e pedi aos três que viessem sentar-se comigo. Eu disse:

— Vocês sabem que o sr. Hammett está preso. Isto significa que as coisas não vão ser fáceis para vocês, nada fáceis. Só Deus sabe o que é que o FBI ou qualquer outra agência do governo vai decidir agora e, mesmo que não façam nada, vocês vão ter que enfrentar o povo emproado da vila.

Gus me interrompeu para dizer que três homens do FBI já haviam estado por lá fazendo uma porção de perguntas. Eu queria muito saber que tipo de perguntas tinham feito, mas pelo que conhecia de Gus, se ele não se dispunha a me contar voluntariamente era porque se sentia embaraçado e queria me poupar. Por isso, disse-lhes que as coisas provavelmente seriam assim agora, pretas, possivelmente até perigosas para eles, e que, na minha opinião, talvez fosse melhor se... E antes que pudesse concluir "arranjassem outro emprego", Kitty riu e cutucou Betty:

— Conte a ela.

Betty contou que eles haviam enviado um telegrama a Hammett, na cadeia de West Street, dando-lhe os parabéns e mandando muito carinho. Em seguida, Kitty riu e disse que dentro de alguns dias ela e Betty iam fazer um bolo e levá-lo para Hammett, mas que ainda não tinham chegado à conclusão quanto ao tipo de bolo; será que eu saberia qual o preferido dele? Fiquei tão comovida com o gesto desses três, que haviam feito o que tantos outros — inclusive os muitos que lhe deviam dinheiro não — tinham ousado, que escondi os olhos.

— Somos irlandeses, sra. Lillian. A cadeia não é nada — Kitty explicou.

Depois de alguns minutos trocamos apertos de mão com toda a cerimônia e durante muito tempo fiquei ouvindo a discussão entre Kitty e Betty na cozinha sobre que tipo de bolo fariam para Hammett.

Na semana seguinte, desprezando meus conselhos para se resguardarem, tomaram o trem para Nova York a fim de entregar um bolo de coco na prisão de West Street. De volta, contaram-me que não lhes tinham permitido avistar-se com Dash, mas que dois homens prometeram que o bolo seria entregue a ele. Não foi, mas nunca contei a elas.

Gostei de Rauh. Raramente se encontra em alguém astúcia e franqueza ao mesmo tempo, como acontece com ele, mas aquele rosto bom, feio, enrugado, contido, despertou confiança na inteligência que lhe estava por trás. Nossas primeiras reuniões foram ótimas. Mas no nosso terceiro encontro tornou-se evidente que Joe já fizera pesquisas. Chamou minha atenção para o fato de que o Partido

Comunista, às vezes no *Daily Worker* e às vezes em outros periódicos, havia me atacado. Tinha havido, por exemplo, aquela tolice sobre *Watch on The Rhine*. A peça, estreada antes de a Alemanha invadir a Rússia, era acusada de fomentar a guerra. O filme, lançado depois que a guerra entre Alemanha e Rússia havia eclodido, foi considerado maravilhoso. E, em 1948, quando Tito rompeu relações com a Rússia, eu havia ido a Belgrado e escrito uma série de simpáticas entrevistas com Tito que não foram bem acolhidas pelo Partido Comunista. Joe era de opinião que devíamos ressaltar essas críticas comunistas contra mim, pois poderiam tornar-se úteis perante o Comitê e para que a imprensa pudesse provar a independência do meu passado. Afirmei que não queria utilizá-las na minha defesa, pois se eu fizesse uso de seus ataques contra mim, seria de minha parte um ataque contra eles numa época em que já estavam sendo perseguidos e, consequentemente, eu estaria fazendo o jogo do inimigo. Meu raciocínio parecia-me bastante simples e pensei que encerraria a discussão entre nós, mas, a cada vez que nos encontrávamos, Joe voltava ao assunto como se algo o espicaçasse a tal ponto que não conseguia libertar-se. E foi por causa deste assunto que eu e ele, pela primeira e última vez, trocamos palavras ásperas; eu disse que estávamos perdendo tempo, que eu não mudaria de ideia, e o que é que havia com ele? Ele respondeu que James Wechsler, do *New York Post*, era um velho e querido amigo e que havia discutido o meu caso com ele.

Interrompi-o, bastante bruscamente, para dizer que não conhecia Wechsler pessoalmente, não gostava do que ele escrevia e não aceitaria conselhos dele. Ele me deu o troco tantas vezes, que acabei dizendo que gostaria que Joe parasse de me analisar, a coisa já estava feita, e eu não precisava de outro analista, precisava de um advogado. (Agora, minha experiência me diz que quase todos os advogados se consideram psiquiatras, e deviam desistir da ideia.) Meu ataque ao amigo Wechsler desagradou Rauh, mas quando posteriormente Wechsler foi intimado a depor perante o Comitê McCarthy, sei que Joe não podia ter gostado de saber que seu amigo não se limitara a dar um testemunho cooperativista como também apresentara razões de alto nível para justificar-se.

Rauh requereu e obteve um adiamento da data para minha apresentação perante o Comitê. Nesse ínterim coloquei a fazenda à venda. Foi muito doloroso tanto para Hammett quanto para mim, mas uma vez tomada a decisão não falamos mais no assunto. Enquanto eu andava pela casa, marcando os objetos que seriam vendidos e os que iriam para o depósito, Dash fazia planos para o futuro — e para ele o futuro significava o dia em que eu saísse da prisão. Planejávamos, às vezes, viagens de veleiro; outras vezes, excursões de pesca que durariam três meses; frequentemente um barraco nas praias de Maryland, sua terra natal, e tão barato que poderíamos comprá-lo depois de algum tempo. De certa feita, quando estava me sentido com excelente disposição, cheguei até a prometer dar uma olhada nas ilhas Aleutas se ele concordasse em considerar uma criação de lagostins nos baixios de Luisiana.

Clifford Odets e eu estreamos no teatro mais ou menos na mesma época. Entre os anos de 1935 a 1952, nos encontramos umas quatro ou cinco vezes, e nunca mais o vi depois que se mudou para Hollywood. Na primeira semana de março ele me telefonou, disse que estava em Nova York, será que não podíamos jantar juntos? Isto me pareceu estranho, já que nunca tinha me telefonado antes. Eu não estava com muita vontade de ir, mas no terceiro e insistente convite marcamos um encontro. Foi uma noite esquisita, da qual fiz um longo relato no meu diário para março de 1952, que transcrevo aqui:

Encontramo-nos no Barbetta's, pedimos um jantar, que imaginei com razão que estaria intragável, e um vinho italiano ruim. Não levou muito tempo para chegarmos ao motivo do jantar. Clifford disse:

— Já planejou o que vai fazer quando receber a intimação do Comitê?

Eu não tinha intenção de contar-lhe que o Comitê já me intimara.

— Acho que sim. Mas a gente faz planos e depois fica na esperança de poder realizá-los, talvez sim, talvez não.

Clifford fez um comentário que não consegui ouvir porque o homem da mesa ao lado disse a dois homens e uma mulher:

— Eu estava me barbeando. Querem saber? Ela estava tão bêbada que pensava que o bico do seu seio era uma cicatriz na barriga.

— Nunca a encontrei — disse um dos outros.

— É fácil arranjar isso se você não liga para mulheres que têm o bico do seio na barriga — respondeu o primeiro.

Dei risada. Clifford deve ter ficado aborrecido, pois sua voz tornou-se dura.

— Você não prestou atenção ao que eu disse.

— Não. Desculpe.

— Eu dizia que a sua maneira de pensar é perigosa. É muito melhor para você saber com antecedência o que vai dizer e fazer.

Eu não sabia o que responder, mas nesse momento o garçom chegou com o nosso jantar. Clifford pousou o dedo sobre os lábios em sinal de silêncio para mim e pôs-se a assobiar até o garçom afastar-se.

— O que quis dizer?

— Sobre o quê? — Eu estava enrolando. A conversa não me agradava.

— Sobre não saber o que vai fazer quando o Comitê intimá-la.

Respondi que não foi isso que eu disse, a gente pode até saber o que vai fazer, mas não se pode ter certeza do que vai acontecer com a gente sob pressão.

— Maneira estranha de pensar — Clifford comentou. — Acho que você nunca esteve sob pressão.

— Mas já estive! Estava na Espanha durante a Guerra Civil, no *front* russo, em Londres nos bombardeios de V-2...

— E não soube como agir?

— Às vezes sim, às vezes não. Uma vez fiquei gritando durante uns bons dois minutos por causa de uma bomba V-2 e não conseguia parar; e na Rússia, certa vez, deram-me um par de binóculos para observar, de uma trincheira, os alemães a poucas centenas de metros de distância e segurei os binóculos direto contra a luz, o que causou um voleio de tiros dos alemães.

— Isso foi burrice. — Clifford comentou.

— É exatamente o que eu estava dizendo, foi burrice e quase causei a morte de seis de nós. E é isso que eu estava tentando explicar, como é que vamos saber quando seremos burros até sermos burros?

Ele deu um soco na mesa. As coisas não estavam correndo bem.

— Não estou falando desse tipo de situação. Estou falando de convicções morais e políticas.

— Não gosto de falar de convicções — retruquei. — Nunca tenho certeza de estar falando a verdade.

— Mas Hammett tem convicções — ele disse. — Sei pouco sobre ele, mas o admiro.

Eu quis dizer "que bom, mas ele não o admira", recordando uma certa noite, há muito tempo, quando fomos assistir

A Wake & Sing, e Hammett, de pileque, passou o tempo todo insistindo para irmos embora, e acabamos saindo só para que ele ficasse quieto. Já fora do teatro comentei que gostava da peça, por que ele não?, e ele respondeu:

— Porque não creio que escritores que ficam chorando, porque não tiveram uma bicicleta quando eram crianças, cheguem a ser grande coisa.

Contudo, fiquei calada, e Odets e eu falamos sobre sua coleção de arte, e então, de repente, ele me pregou um susto horrível. Deu um soco na mesa com tanta força que sua taça de vinho tombou, e ele berrou:

— Pois bem, vou lhe dizer o que vou fazer com aqueles bastardos do Comitê: vou mostrar a eles o que é ser um radical e mandar que todos se fodam!

Não sei dizer o que mais me impressionou: se a violência do soco na mesa ou se o brado de coragem que fez com que várias pessoas nas mesas próximas se voltassem para nós.

Não há mais notas no meu diário sobre aquela noite. O que há é um fim desagradável e misterioso para este episódio. Odets, que compareceu perante o Comitê na véspera do dia marcado para mim, desculpou-se pelas suas convicções antigas e identificou vários de seus amigos como sendo comunistas. Portanto, aquela conversa no Barbetta's torna-se incompreensível. É possível que naquela noite ele acreditasse no que me disse. Pode-se apenas calcular que algumas semanas depois, defrontado com a ruína de sua carreira em

Hollywood, ele tenha mudado de ideia. Os velhos clichês eram agora cada vez mais verdadeiros. A perda da piscina, da quadra de tênis, da coleção de arte; um futuro de privações representava uma poderosa ameaça para muita gente, e os dirigentes dos estúdios sabiam disso e tiravam grande vantagem do fato.

Algumas semanas depois de meu jantar com Odets, Elia Kazan, a quem todos chamavam de Gadge, contou-me que Spyros Skouras o prevenira que a menos que ele fosse o que chamavam de "testemunha amigável" para o Comitê; ele, Kazan, jamais faria outro filme em Hollywood. Mas antes que me contasse coisa assim tão simples, havíamos passado uma meia hora muito esquisita no Plaza Oak Room. Eu não conseguia atinar por que Gadge estava tão irrequieto — ele não é irrequieto —, por isso, com a desculpa de dar um telefonema, acabei telefonando para Kermit Bloomgarden, meu produtor teatral e produtor de *A morte do caixeiro-viajante*, dirigido por Kazan. (Kermit e Gadge eram amigos desde mocinhos, mas eu não conhecia Kazan direito.) Eu disse a Kermit pelo telefone que não sabia por que Kazan me convidara para um drinque, e não conseguia compreender o que ele estava tentando me dizer.

— Ele está lhe dizendo que vai ser uma testemunha amigável. Sei disso porque ele próprio me contou hoje de manhã.

Quando voltei do telefone conversamos mais alguns minutos e depois inventei um compromisso urgente. Ficamos em frente ao Plaza, esperando um táxi debaixo da chuva.

Eu não queria mais falar e, portanto, ficamos em silêncio até que Kazan disse:

— É bom para você fazer o que quer, eu acho. Provavelmente já gastou tudo que ganhou.

Suas palavras me deixaram intrigada durante várias semanas até compreender que ele estava, na verdade, dizendo o que minha avó rica costumava dizer de seus amigos ou parentes menos bem situados na vida, e que certa vez a ouvi comentar com seu motorista particular, homem cujo nome ela trocara de Fritz para Hal.

— Não precisa ficar preocupado. O dinheiro não é um fardo pesado demais para aqueles que não o possuem.

Mas o pânico dos chefões do cinema já era história antiga quando Kazan e eu nos encontramos na primavera de 1952. Tivera início antes mesmo da famosa conferência no Waldorf-Astoria em 1947. Ali, eles haviam-se reunido numa espécie de histeria inerte, impelidos por forças que mesmo a pesquisa mais profunda não consegue identificar ainda hoje, a fim de assegurar ao público, numa declaração de maciças confusões, que eles acreditavam no direito americano de discordar, mas que não permitiriam dissenção caso não fosse de seu agrado. Era comum na época dizer-se que igual a um advogado de estúdio, só outro advogado de estúdio.

(Foi provavelmente nessa conferência no Waldorf que se achou a expressão conhecida depois pelo nome de o juramento da Legião Americana. Exigia-se o juramento dos empregados dos estúdios. Pelo nome, parece óbvio que representantes da Legião Americana estiveram presentes de alguma forma, pessoalmente ou, mais provavelmente, por meio de visitas antes e depois da conferência do Waldorf. Já tentei 14 vezes encontrar um exemplar dessas famosas cartas que sei que existem porque me pediram que assinasse uma delas. Nenhuma das 14 pessoas a quem perguntei nega que a tal carta foi exigida e assinada. Mas nem a busca mais minuciosa trouxe à luz uma carta sequer, decerto porque aqueles que as escreveram não desejam admiti-lo e também porque os atuais departamentos jurídicos dos estúdios não as apreciam muito e talvez até duvidem de sua legalidade. De concreto, tenho apenas um fato: cada estúdio pedia a seus empregados que assinassem declarações escritas jurando que não eram comunistas, que não se aliavam a radicais, e se no passado haviam feito contribuições para certas organizações, tais como o fundo de auxílio aos refugiados espanhóis etc., arrependiam-se do ato e não reincidiriam em erro.)

Não acredito que a alta cúpula dos estúdios, e os homens nomeados para dirigi-los, tivessem chegado a pensar em si mesmos como cidadãos americanos com direitos e deveres herdados. Muitos deles eram de origem estrangeira e haviam herdado temores estrangeiros. Na Rússia e na Polônia teria sido impossível, mas aqui era possível oferecer aos cossacos um prato de canja. E em Washington, os cossacos cavalgavam tão depressa e tão arduamente que a canja teria de ser duplamente reforçada e servida por sequiosos garçons milionários.

Contudo, muito antes de os estúdios se verem ameaçados pela política e pela Legião Americana, a timidez geral tinha sido alvo de anedotas para escritores e diretores que contavam uns aos outros lindas historinhas sobre o filho de 12 anos e a amante de 18 anos que não haviam gostado do *script*, ou do copião de um filme, e consequentemente, o *script* ou o copião eram alterados. No fim dos anos 1930, por exemplo, houve uma famosa crise na Metro-Goldwyn-Mayer. Haviam levado um de seus grandes musicais para uma pré-estreia escondida em São Francisco. Então, como agora, era costume distribuir cartões para serem preenchidos pela plateia, pedindo sua opinião sobre o filme que acabavam de ver. Uma das entrevistadas respondeu em seu cartão que gostara muito do filme, mas ficara horrorizada ao ver Frank Morgan, um dos atores do filme, fazer uma cena inteira com a braguilha escancarada. O cartão causou tal consternação que se adiou a estreia do filme e durante toda uma semana todos os empregados do estúdio foram divididos em grupos segundo sua atividade, viram o filme várias vezes ao dia, e até se ofereceu um prêmio a quem conseguisse descobrir a braguilha aberta de Frank Morgan. Descobriu-se mais tarde, obviamente — porque uma heroína de calibre tão alto não poderia ficar de bico calado —, que o cartão fora preenchido pela amante abandonada de um executivo do estúdio.

Vale a pena lembrar como eram esses homens muito ricos, já que duvido que tenham mudado. (De fato, seu número aumentou, pois agora os agentes frequentemente os vencem em questões de fortuna e poder.) Hollywood vivia por padrões que os árabes de agora tentam adotar, e conquanto não haja novidade no fato de pessoas competirem para ver quem tem maior propriedade imóvel, me parece estranho vê-las competindo pelo luxo dos banheiros. É duvidoso que esse luxo todo jamais tenha sido associado a atos normais, tais como tomar banho ou defecar. É até possível que as fezes, aborrecidas por serem recebidas em tão grande estilo, tenham resolvido se alojar na alma.

E naqueles dias era de bom-tom tratar William Faulkner ou Nathanael West ou Aldous Huxley como meninos de recado. Gatsby* e suas ambições eram fichinha comparadas com esses Gatsbys maiores; o que desejavam não era Daisy nem amor, mas o poder e uma nova Daisy cada semana. As personalidades de Louis Mayer, Samuel Goldwyn, Harry Cohn, e por aí afora seus assessores e advogados, não são realmente muito interessantes — são pequenas variações sobre o mesmo tema. Sem dúvida, possuíam energia e ousadia, mas quando a época de McCarthy teve início já estavam mais velhos e mais cansados. Ameaças, que poderiam em outros tempos causar hilaridade enquanto jogavam

---

*Personagem de *O grande Gatsby*, de F. Scott Fitzgerald. (*N. do T.*)

uma partida de *gin-rummy*, pareciam agora perigosas para suas fortunas. Os produtores sabiam muito bem que os comunistas de Hollywood jamais tinham se atrevido a rodar um único filme comunista, mas estavam perfeitamente dispostos a bancar os ingênuos para aqueles que fingiam achar que isto era um perigo. Choveram milhares de cartas em Hollywood protestando contra seu radicalismo, e os estúdios sabiam que eram falsas ou encomendadas. Mas convenceram-se de que era a voz da América falando, o que até certo ponto era verdade. Mas não eram apenas os magnatas que se encolhiam diante de ameaças que podiam ser investigadas ou relegadas ao esquecimento. Harry Cohn comentou comigo que estava feliz por verificar quantos escritores, diretores e atores se haviam prontificado a ajudar. E estava dizendo a verdade: grassava uma febre de se querer ser uma testemunha útil, de testemunhar contra os amigos, de se representar os dramas preferidos das comissões do governo.

De qualquer forma, a lista negra ainda não culminara sua ação em 1947, pois nesse ano Harry Cohn, da Columbia Pictures, me ofereceu o contrato que eu sempre quis: escrever e produzir quatro filmes, quando eu encontrasse uma boa história, e com poder de decisão nas cópias finais (isto era quase inédito na época, e mesmo agora é uma concessão rara). O contrato era excelente — escrever e produzir sem interferência, em qualquer época, num período de oito anos quando encontrasse material que pudesse usar. Ganharia garantidos quase um milhão de dólares, com liberdade para escrever peças ou o que fosse, viajar entre um filme e outro sem dar satisfações. Harry e eu tínhamos o mesmo advogado, Charles Schwartz, mas estava tudo bem, pois ele era honesto. No dia em que o contrato ficou pronto, ele me telefonou, disse que estava mandando cópias para Harry, será que eu podia dar um pulo até lá e lê-las na companhia de Harry? Charlie disse:

— Devo preveni-la. Harry deve ter inserido uma nova cláusula ao contrato. Era necessário, e meu conselho é que você não se exalte. Será exigido de todos de agora em diante.

Sem raciocinar, concluí que se tratava de uma cláusula sobre dinheiro e esqueci o assunto.

Ao chegar ao apartamento de Harry no Waldorf Towers, sua secretária pediu-me para esperar alguns minutos, estavam encerrando a reunião lá embaixo. Eu não tinha ideia, é claro, do que seria essa reunião — no mundo do cinema sempre se espera por alguém que vai chegar de uma reunião. Harry, de fato, surgiu meia hora mais tarde, cumprimentou-me com efusão, e imediatamente foi para o telefone. Ainda estava ao telefone quando cheguei a um determinado parágrafo inserido no contrato. Passei por ele incrédula, continuei lendo, voltei atrás para tornar a lê-lo. Harry fazia uma nova ligação telefônica quando desandei a andar de um lado para outro. Mas ele me observava, e tive a impressão de que continuava ao telefone a fim de me evitar, pois apontou para uma mesa, ofereceu-me a caneta, fez sinais para que eu assinasse e voltou ao telefone. Quando, finalmente, terminou de falar, eu disse:

— Tudo bem com as cláusulas, Harry, conforme combinamos, mas o que significa essa cláusula extra sem pé nem cabeça?

— Ouça — disse ele —, você pensa que gostei dos dois dias passados lá embaixo? Sou um solitário. Detesto ditaduras, portanto não pegue no meu pé.

Respondi que não sabia do que ele estava falando, que reunião lá embaixo era essa. Mas fomos interrompidos por outra ligação telefônica e depois por um garçom com uma garrafa térmica com leite quente e sanduíches de galinha — não consigo pensar em Cohn sem um sanduíche de galinha — e uma porção de histórias sobre o seu passado, numa tentativa, na minha opinião, de evitar o presente. Harry não estava gostando do presente: a reunião lá embaixo onde, segundo me contou, cada chefe de estúdio de Hollywood estivera presente a fim de decidir que todos os empregados eram obrigados a redigir e assinar uma versão da cláusula contratual que eu tinha acabado de ler. Harry realmente mencionou naquele dia, numa confusão de palavras irritadas, a Legião Americana e "homens" de Washington, exibidores, banqueiros e seus advogados, advogados dos "Comitês", e tantos outros, corretamente identificados talvez, ou talvez não, responsáveis por seu estado de profunda irritação por lhe darem ordens e aborrecê-lo. (Ouvi dizer depois que ele não protestara contra a realização da reunião em si. Samuel

Goldwyn foi o único produtor a discordar de seus colegas. Seria bom pensar que seu gesto significava um voto pela liberdade, mas a maioria dos que o conheciam intimamente, eu inclusive, sabia que ele sempre votava contra decisões de grupo.)

Enquanto Cohn falava, eu lia e relia a cláusula extra, que previa que eu redigisse uma nota, de própria lavra, e "sugeria" uma fórmula nos moldes da antiga cláusula ética — minhas ações, minha vida não deviam ser causa de embaraços para o estúdio —, só que desta vez não se referia a alcoolismo, agressões físicas ou homicídio, mas simplesmente que minhas convicções políticas não deviam causar-lhes constrangimento, ou problemas, ou protestos. (Estou fazendo isto soar mais suave do que realmente era. Na verdade, era uma exigência direta para que não se divergisse da permissão do estúdio no que se pensasse, ou cresse, ou agisse, ou se contribuísse ou se associasse.) Comecei um discurso sobre os direitos constitucionais e quem diabos eles pensavam que eram, mas as preocupações de Harry tinham me deixado exausta. Ele havia chamado o serviço de copa para reclamar que o sanduíche de galinha fedia de tão seco, deu dois telefonemas sem importância, e durante cinco minutos uma bonita moça que surgira do nada lá ficou sem ter nada o que dizer. Eu estava cansada.

— Você sabe, Harry, eu vivo com Dashiell Hammett. Não creio que ele vá ficar encolhido no sótão e ser levado para passear acorrentado à noite.

— Ele é um ótimo escritor — Harry comentou. — Durante anos tive vontade de contratá-lo.

— Então telefone para ele — retruquei. — Esqueça a baboseira de ótimo escritor e fale no sótão.

— Ah — disse ele. — Você está procurando encrenca.

— E há muito mais gente que conheço, que pretendo continuar conhecendo, com quem saio para jantar...

— Então vá jantar num dos restaurantezinhos de Santa Mônica. Melhores e mais baratos do que o Romanof's ou o Chasen's...

Interrompi:

— Harry, não vou escrever uma carta dessas. Por favor, pare de insistir.

— Não posso. Eles vão pedir minha cabeça. Escreva a nota, assine o contrato e esqueça o assunto.

— Não vou assiná-lo e você já sabia, quando cheguei, que eu não o assinaria. É uma vergonha!

Quando me dirigia para a porta, Harry disse:

— Você leva tudo muito a sério, garota. Telefone para mim amanhã de manhã.

Não tornei a ver Harry Cohn por nove ou dez anos, e então nos encontramos num voo de Los Angeles para Nova York. Ele foi, é claro, o primeiro a entrar no avião, acompanhado por uns seis ou sete acólitos. Ao passar por ele, indo para o meu lugar, nos apertamos as mãos e resmungamos um comentário qualquer sobre quantos anos, e disse-me ele que eu ficava cada vez mais jovem e ele cada vez mais velho, e coisas assim. Quando chegou a hora do almoço, convidou-me para fazer-lhe companhia, dizendo que havia trazido o seu próprio almoço, muito mais saudável do que a droga que serviam a bordo. Dois de seus empregados mais jovens desceram a maior cesta de piquenique que já vi em minha vida. Dentro dela havia de quarenta a cinquenta sanduíches de frango finos e apetitosos, vinho branco gelado, melão maduro com presunto, *pickles* feitos em casa, pêssegos enormes e deliciosos biscoitos de nozes. O conteúdo da cesta seria suficiente para umas vinte pessoas, e Harry e eu não chegamos a desfalcá-la. Quando terminamos, Harry disse a um tal Lou que trouxesse as garrafas de chá, e quando Lou surgiu para fechar a cesta e oferecer uma outra, debruçou-se para pegar um dos sanduíches de frango. Harry fechou os dedos e deu um murro na mão de Lou.

— *Chutzpah** — comentou comigo. — Um completo *chutzpah*. — E para Lou, ele disse:

— É melhor andar na linha, garoto.

Não sei dizer se o garoto saiu da linha, pois foi essa a última vez que vi Cohn. Não consigo me lembrar da data de sua morte, mas na época correu uma história atribuída a George Jessel. Jessel e um amigo achavam-se do lado de

---

*Chutzpha é a palavra em ídiche para se referir a algo como audácia, garra, ter iniciativa ou coragem, tanto no seu sentido positivo, negativo quanto ambivalente. (*N. da E.*)

fora do velório. Havia uma longa fila para as condolências. O amigo comentou:

— Nunca vi multidão tão grande num enterro.

E Jessel respondeu:

— É a velha história de sempre. Dando ao público o que ele quer, o teatro vai estar sempre cheio.

É impossível escrever a respeito de qualquer fase do período macarthista definindo datas e dados: tudo se entrecruzava e nada seguia um plano ordenado. É evidente que os produtores reunidos no Waldorf-Astoria, convocados por 'eles', não sabiam como levar adiante os planos que lhes foram impostos por "eles". E a maioria deles nem queria saber — a estrita observância poderia significar a perda de lucros de películas já prontas e ainda não negociadas para a televisão, a perda de muita gente talentosa, o envolvimento involuntário de muitos de seus "caixas-altas". Se nos lembrarmos que à certa altura Gary Cooper, James Cagney, Frederic March, Humphrey Bogart viram-se, em maior ou menor grau, envolvidos ainda que inocentemente, qual o louco que poderia surgir no dia seguinte com que louca acusação contra quem? E os mais ferrenhos adversários da esquerda de Hollywood: a mãe de Ginger Rogers, Adolphe Menjou, e outros mais, eram alvo de excessiva atenção, falando em alto e bom som o que bem entendiam. Quem poderia saber o que diriam amanhã caso conversassem hoje com o divino radical? Talvez até os próprios produtores, cujas vidas íntimas eram tão bem guardadas quanto as dos representantes do Kremlin, pudessem chamar a atenção de um senador ou de um deputado; um inocente romance de meia hora poderia ser divulgado ou, o que era muito mais importante, tornar-se uma manobra financeira pouco comum. Os acionistas poderiam — levados pelo falatório até de pessoas bem-intencionadas — notar que os luxuosos livros contábeis relativos aos filmes incluíam o montante de velhos *scripts* desprezados, limusines, férias e até um bônus anual extra que não fora mencionado. E muitas das testemunhas de Hollywood, mesmo aquelas que mais simpatizavam com os estúdios, nem sempre se mostravam sensatas perante o Comitê. Perguntaram a Gary Cooper, de modo muito amistoso e deferente, se havia lido muita propaganda comunista nos *scripts* que lhe haviam sido submetidos. Cooper, sempre um homem de poucas palavras, ponderou e respondeu que não, não achava que tivesse lido, mas também quase sempre só lia à noite. Esta misteriosa resposta foi motivo de muitos risos pelo país todo e Cooper não era homem de quem se pudesse rir. (E, muito tempo depois, haveria risos bem como arrepios, quando Charles Laughton, amigo íntimo de Bertolt Brecht, recebeu um telegrama do governo da Alemanha Oriental convidando-o para a cerimônia *in memoriam* do seu velho amigo. Sem perda de tempo, Laughton telefonou a J. Edgar Hoover informando-o que recebera o telegrama, mas que, afinal de contas, não era sua culpa e não devia constituir prova contra ele.)

Porém, muitos dos interrogados não comportaram-se nem bem nem mal, mas atônitos. Quem poderia adivinhar que contribuir para o Fundo de Socorro da Frente Russa durante a guerra não era tão irreprochável quanto para os Pacotes para a Inglaterra? Seria impossível antever, a menos que se fosse retardado mental, que uma expressão tal como "antifascismo prematuro" viria a existir. A popularidade dessa expressão, o fato de que quase todos os americanos levaram-na a sério a ponto de quase fingir que a compreendiam devem ter sido a antecessora da conversa de duplo sentido que ouviríamos por ocasião do escândalo de Watergate. Nós, como um povo, concordamos em engolir, nos anos 1950, qualquer besteira frequentemente repetida, sem nos determos para examinar seu significado ou investigar suas origens.

Não é de se estranhar, portanto, que muitas testemunhas "respeitáveis", isto é, amigáveis, tenham se mostrado perplexas com o que se pedia delas; e que muitas, convencidas — pelas pressões histéricas da periferia de que tinham algo a esconder, caminhassem no pesadelo de querer adivinhar o que as comissões queriam que elas confessassem. Escavavam fundo à procura de revelações dramáticas, inventando pecados para benefício dos sacerdotes da Inquisição.

Foi o que eu disse, em 1953, à sra. Shipley, diretora da Divisão de Passaportes do Departamento de Estado. Foi nesse ano, após meu próprio depoimento, que recebi uma oferta de Alexander Korda, em Londres, para escrever o roteiro de um filme. O salário era um quinto do que eu costumava receber antes da lista negra, mas eu precisava do dinheiro e não havia tempo para discussões. (Korda não foi o único produtor a aproveitar a chance de contratar escritores experientes por ninharias, e o fato de ter-me privado de um terço do quinto que me oferecera só veio a ocorrer depois.) Era necessário, evidentemente, ir à Europa para consultar Korda e escrever o filme.

Um passaporte havia sido negado a todos que se apresentaram como testemunhas adversas. Fui ver a sra. Shipley por sugestão de Joe Rauh. A visita parecia-me inútil, mas Rauh achava que eu teria possibilidades, e quando perguntei a razão, respondeu-me que me contaria depois da entrevista com ela.

Era uma mulher de aparência severa que se tornara ainda mais severa em sua tentativa de não querer sê-lo. Sentamo-nos pouco à vontade em sua sala, enquanto a secretária procurava o meu dossiê. Lembro-me de ter balbuciado um comentário qualquer sobre o tempo, que nunca terminei, porque a sra. Shipley me olhava fixamente. E assim, nos sentamos em silêncio durante os poucos minutos que a secretária levou para voltar com uma pasta grossa. Quando a sra. Shipley abriu a pasta, surpreendi-me ao ver três fotos de Charles Chaplin bem na frente. Eu conhecera Chaplin, mas não muito bem; já jogara tênis em sua quadra, certa vez ouvira um *script* interminável escrito por ele e nunca produzido; já estivera a seu lado na plataforma de uma convenção e havia desaprovado abertamente seu discurso emotivo e confuso; certa vez jantara com ele e Gertrude Stein. Eu admirava Chaplin e gostava dele, mas até hoje não entendo o que faziam suas fotografias no meu dossiê. Naquela época irracional, as agências governamentais talvez fossem ainda mais mal informadas do que o são hoje, embora tal fato possa ser remediado a qualquer tempo em que o engenho se faça necessário.

A sra. Shipley furtou-se a qualquer comentário a respeito das fotos de Chaplin, e começou a ler uma lista de organizações às quais eu teria pertencido ou teria feito doações. Algumas delas me eram totalmente desconhecidas. Tive vontade de dizer que aquela saíra de meu livro intitulado *Red Channels*, fonte muito pouco apropriada para uso das agências do governo. Não fazia sentido eu negar ligação com determinada organização e confirmar outra, enquanto ela lia, portanto fiquei sentada em silêncio e conjecturando por que eu me havia prestado a uma entrevista tão degradante.

A sra. Shipley ainda não chegara ao fim da lista quando levantou os olhos e perguntou:

— Diga-me, sra. Hellman, acredita que as testemunhas "amigáveis" vêm contando a verdade ao Comitê do Congresso?

Era uma pergunta extraordinariamente surpreendente. Respondi que não, tinha certeza que não, muitos tinham sido induzidos a confessar coisas que nunca tinham visto ou feito.

— Edward G. Robinson, por exemplo? — ela perguntou.

Provavelmente, respondi, mas não tinha certeza. Porém, havia outros, Martin Berkeley, por exemplo, que havia confirmado minha presença numa reunião de comunistas em sua casa. Eu jamais estivera na casa dele e creio mesmo que nunca o conheci.

— Os garotos estão brincando com todos vocês, sra. Shipley, e vocês merecem essas brincadeiras, pois são os responsáveis por nos terem levado a isso.

A sra. Shipley não pareceu ofendida. Parecia pensativa ao folhear o restante da minha pasta, aparentemente à procura de alguma coisa que ela sabia estar lá. Depois, ela disse:

— Sempre suspeitei que muitos deles estavam mentindo. Serão castigados por isso.

Respondi:

— Não creio que o mundo esteja caminhando nessa direção. É gente como eu que precisa de emprego. Foi por isso que vim aqui, contra a minha vontade.

Ela disse:

— Posso ver que sim — e quase sorriu. Quando o quase sorriso foi sufocado, ela continuou: — Quando vai à Europa, encontra-se com políticos?

Respondi que conhecia poucos, exceto Louis Aragon e sua esposa Elsa Triolet, e alguns poucos homens que haviam lutado na Espanha.

— Escreva-me uma carta dizendo isso e também que não vai tomar parte em movimentos políticos.

Fiquei pensando em suas palavras, sem compreendê-las e procurando achar a cilada. Depois, eu disse:

— Jamais participei de movimentos políticos europeus, a não ser para ser antinazista e antifascista. Certamente posso escrever-lhe exatamente nestes termos. Contudo, não posso prometer que não verei velhos amigos.

Ela levantou-se.

— Muito obrigada. — E dirigiu-se para a porta. — A senhora receberá um passaporte temporário que lhe será enviado esta semana. Se precisar permanecer por mais tempo na Europa devido a seu trabalho com o cinema terá que requerer aqui novamente.

Saiu da sala. Surgiu uma secretária e abriu outra porta para mim, que dava para o vestíbulo por onde eu havia entrado. Rauh, num banco, estava à minha espera.

Levantou-se.

— Conseguiu o passaporte?

— Sim.

Ao sairmos do prédio, ele sorriu.

— Acho que é a única testemunha adversa a conseguir um.

— Como podia ter tanta certeza de que eu o conseguiria? Eu tinha certeza do contrário.

— Porque — ele respondeu — uma mulher puritana no poder sempre reconhece outra mulher puritana em apuros.

E as mulheres puritanas não podem deixar de acreditar que outras mulheres puritanas não são capazes de mentir.

Mas tudo isso se passou muitos meses depois que compareci perante o Comitê.

H́á dois dias, estava eu escrevendo este livro, sentada na praia de Gay Head em Martha's Vineyard, comendo um sanduíche e tendo ao lado uma pilha de revistas cuja leitura eu não havia tido tempo de pôr em dia. Como acontece em qualquer lugar onde se mora há muito tempo, volta e meia eu dizia "olá" para pessoas cujos nomes não me ocorriam, na esperança de que não ficassem comigo tempo suficiente para descobrir essa minha falha. Um casal de meia-idade parou para conversar e perguntar o que eu estava escrevendo, coisa que sempre me irrita tanto que acabo respondendo que não estou fazendo nada. O homem, que não gostou da minha resposta, apontou para um exemplar do *New York Review of Books* e comentou:

— Nesse caso, deve ler o artigo de Lionel Trilling sobre Whittaker Chambers. Talvez se anime a escrever a história de seus tempos.

Ri e respondi que eu não era uma historiadora. Mas quando se afastaram peguei o artigo, que estava numa revista já velha demais para conter as notícias recentes de que as únicas coisas encontradas na abóbora de Chambers eram cinco rolos de microfilme, dois deles já revelados, três em caixinhas metálicas, sendo que a maioria dos rótulos eram ilegíveis, e nenhum deles tinha nada a ver com as acusações contra Alger Hiss. E, no entanto, quem não se lembra do sr. Nixon mostrando-os para as câmaras, afirmando que ali estava a prova documental da série mais grave de atividades de traição contra o governo, em toda a história dos Estados Unidos. Mas Nixon não passa de um mentiroso canalha. Lionel Trilling, professor e crítico conceituado, anticomunista de longa data, autor de um livro vagamente baseado na carreira de Whitaker Chambers, é um homem honesto.

De repente, deu-me vontade de voltar para casa e foi o que fiz, para passar o resto do dia me perguntando como Diana e Lionel Trilling, velhos e respeitados amigos, poderiam ter saído da mesma época e do mesmo tempo com ideias políticas e sociais tão diferentes das minhas.

Fatos são fatos — e um deles é que uma abóbora, na qual Chambers declarou ter escondido provas irrefutáveis contra Hiss, apodrece — e nunca houve a menor possibilidade de que, conforme Trilling continua a insistir no *New York Review*, Chambers fosse um homem honrado. As joviais invenções psicóticas de Chambers eram discutidas em termos quase inegáveis por aqueles que o conheciam melhor do que Trilling, tanto em Nova York quanto em Washington, e, tempos depois, pelos homens que com ele trabalharam na revista *Time*. Mas tentei convencer-me de que Chambers era uma peça sem importância num mecanismo importante. Se fatos são fatos e não devem ser alterados, quem de nós, então, individualmente ou em grupo, foi responsável pela alteração dos fatos, e por quê? Para muitos intelectuais, os radicais haviam se tornado o principal, senão o único, inimigo. (Tinha havido um precedente, anterior à minha geração: a prisão arbitrária de Eugene Debs por Woodrow Wilson, e os julgamentos viciosos dos membros da Liga Internacional de Trabalhadores.) Não apenas porque as razões intelectuais de um radical são suspeitas, como também porque suas convicções levam a um mundo que priva o restante de nós daquilo que temos. São poucas as pessoas capazes de admitir coisa tão simples: que o radical tinha de ser retratado como um homem imoral que justificasse o homicídio, os campos de concentração, a tortura, qualquer meio para um determinado fim. E, de fato, o radical às vezes não passava disso. Por outro lado, a facção antirradical continha as mesmas divisões: frequentemente eram homens honestos e ponderados, e muitos deles trilhavam caminhos excusos por excusas razões.

Contudo, nem o radicalismo nem o antirradicalismo deveriam ter-se imiscuído nos métodos ambíguos e abjetos de McCarthy, Nixon e toda a camarilha, que flagelavam comunistas, quase comunistas, nem-de-longe-comunistas. Arruinavam-se vidas e poucas mãos se estendiam para socorrê-las. Desde quando é necessário concordar com alguém para defendê-lo da injustiça? Ninguém em seu juízo perfeito poderia decerto crer que os especialistas em problemas chineses, acusados e expulsos do Departamento de Estado, fizeram mais do que simplesmente admitir que Chiang Kai-shek estava perdendo. Como acontece com frequência numa época de canalhas, a verdade fazia de você um traidor. E eram pouquíssimos os que se punham de pé para dizer a verdade, e já não há quase ninguém, mesmo agora, que nos lembre que uma das razões pelas quais sabíamos tão pouco e mal adivinhávamos o que acontecia na China era porque perdemos os únicos homens capazes de saber o que estavam dizendo. Sem dúvida, as revistas de alto gabarito, aquelas que publicavam autores sérios, deveriam ter ido em auxílio dos perseguidos. A *Partisan Review*, que não cessou de publicar artigos protestando contra a punição de dissidentes da Europa Oriental, não levantava um protesto quando os cidadãos deste país eram aprisionados e arruinados. Na verdade, jamais tomou posição editorialista contra o próprio McCarthy, embora tenha publicado os resultados de simpósios antimacarthistas e pelo menos um artigo de peso escrito por Irving Howe. A *Commentary* cruzou os braços. Nenhum editor ou articulista jamais protestou contra McCarthy. Na verdade, Irving Kristol, naquela mesma revista, escreveu sobre os críticos de McCarthy, Henry Steele Commager por exemplo, como se não passassem de crianças peraltas que precisavam de Kristol para corrigir sua ingenuidade.

Havia, nas duas revistas, muitos homens e mulheres ponderados e famosos. Nenhum deles, pelo que sei, descobriu ainda que faz parte da consciência admitir que a Guerra Fria do anticomunismo perverteu-se — possivelmente contra sua vontade — na guerra do Vietnã e posteriormente no reinado de Nixon, seu líder indesejado, mas inevitável.

Foi uma primavera árdua a de 1952. Houve não apenas as providências para o meu comparecimento perante o Comitê, mas também outros problemas. Hammett devia ao Imposto de Renda uma grande quantia em impostos atrasados. Dois dias depois de ser preso, as autoridades fiscais embargaram toda a sua renda proveniente de livros, rádios, televisão, tudo. Assim, ele passaria os últimos dez anos de sua vida sem receber qualquer renda. De minha parte, tinha sido muito mal assessorada na renda de uma peça para ser filmada, e embora "Washington" — alcunha do então diretor do Imposto de Renda — tivesse oficiosamente aprovado a renda, o departamento viera a mudar de ideia declarando que eu lhe devia 175 mil dólares. Eu havia teimado em recorrer, da condenação e da sentença imposta a Hammett — contra a sua vontade e sem sua cooperação — ao Tribunal de Recursos, o que custara dinheiro, muito dinheiro, e sem dúvida os apuros em que me via no momento custariam outro tanto. E ambos estaríamos agora proibidos em Hollywood, ou na televisão e no rádio. O dinheiro saía, e cada vez mais depressa, enquanto eu me afundava procurando novos recursos para minha vida, a que renunciaria, sabendo que Hammett estava doente e não sabendo, a cada dia, o que se faria necessário para ele. Não sei se foi por tais preocupações que Rauh requereu que se adiasse meu comparecimento, ou se foi porque ele precisava de mais tempo para contornar os problemas jurídicos. Cito, um memorando que Rauh me enviou neste mês de julho de 1975. O memorando está datado de 26 de março de 1952.

> Estive hoje de manhã com Tavenner, assessor-chefe do Comitê de Atividades Antiamericanas da Câmara... Depois de amenidades um tanto forçadas, expliquei o motivo de minha visita... Perguntei a Tavenner o que o Comitê estaria especialmente interessado em saber. Respondeu-me que a Câmara recebera um testemunho juramentado declarando que a srta. Hellman havia sido membro do Partido Comunista e que o Comitê pretendia investigar o assunto. Disse-lhe que não tinha condições de confirmar se a srta. Hellman havia pertencido ao Partido Comunista, mas que tinha condições de afirmar que a srta. Hellman estava disposta a relatar ao Comitê suas atividades em qualquer organização. Pareceram tão satisfeitos com minha resposta que passei imediatamente a apontar o dilema legal envolvido... Caso a srta. Hellman respondesse a perguntas sobre si mesma, poderia legalmente ser compelida a respondê-las sobre outras pessoas, o que lhe era moralmente impossível... Manifestaram simpatia pelo problema e nada mais... Ele (Tavenner)... mencionou que Budd Schulberg recusara-se, a princípio, a fornecer

nomes, mas fora posteriormente persuadido a mudar de comportamento. Parecia disposto a crer que a srta. Hellman também se deixaria persuadir... Perguntou-me se, na minha opinião, a srta. Hellman apontaria nomes mais facilmente numa sessão executiva (e privada)... demonstrando vontade de entrevistar-se com a srta. Hellman antes da audiência... Tavenner informou que seria mais para benefício da srta. Hellman... já que se tornaria mais fácil para ela determinar datas... Nixon (o diretor de pesquisa do Comitê, não o Richard) disse que estava investigando "toda a área de entretenimento" e que estavam particularmente interessados na "área literária" a fim de demonstrar que o Partido Comunista procurava controlar os pensamentos de seus membros. Tavenner indagou-me se a srta. Hellman já sofrera pressões do Partido Comunista em sua obra. Respondi que a srta. Hellman era uma individualista... (e) que gostaria de salientar que *Watch on the Rhine* havia sido escrito em 1940, época em que se supunha que os comunistas eram pró-nazistas e não antinazistas. Pediram-me que explicasse por que a srta. Hellman havia escrito na ocasião uma peça contrária à linha do Partido... A reunião praticamente terminou com a definição de que a srta. Hellman era uma desgarrada e que eles tentariam ser o mais compreensíveis possível, mas não havia como evitar que ela fornecesse nomes.

Não tenho ideia de Joe ter-me relatado essa reunião. Acho que a primeira vez que tomei conhecimento dela foi quando recebi sua carta deste mês de julho. Tenho certeza de que Rauh precisava ter essa reunião, mas é prova que, apesar de nos querermos muito bem, agora como então, há uma boa parte de mim que ele jamais chegou a compreender. Talvez seja mais justo dizer que quando estou agindo sob forte tensão para me controlar, meu comportamento se torna estranho, e ele não seria o primeiro a ficar confundido. Contudo, como já disse, eu não queria usar os ataques do Partido Comunista contra mim. No meu livro fininho de preceitos morais simplesmente é sujeira safar-se jogando às feras pessoas que já estão em apuros. Quase todos os comunistas que eu já encontrara eram pessoas que desejavam formar um mundo melhor; muitos eram tolos, e alguns genuinamente malucos, mas isto não é motivo para denúncias nem constitui razão suficiente para entregá-los à punição de homens que nada mais querem do que manchetes de primeira página que ajudem suas próprias carreiras. O pecado maior dos comunistas locais foi tentar imitar os russos, uma raça diferente de homens com antecedentes históricos totalmente diversos. Os comunistas americanos aceitam teoria e prática russas com o entusiasmo de um homem apaixonado cuja amante não pode se queixar porque conhece poucas palavras do idioma dele; pode ser que essa amante seja o sonho de muitos homens, mas na alcova, e não na política. Nem chegaram a entender que, por serem frutos de uma determinada época e lugar, confundiram idealismo com as regras pouco atraentes de um mercado: lucros, perda, fama, e uma certa secretividade cômica que haviam tomado emprestado de diretores de gigantescas empresas. Os anticomunistas ferrenhos, especialmente entre os intelectuais, falavam e escreviam abundantemente sobre a violência que poderiam sofrer nas mãos dos comunistas americanos — Whittaker Chambers convenceu muita gente com este tema romântico —, mas na minha opinião a acusação é muito dúbia. Sobre pistoleiros estrangeiros sei apenas o que li a respeito, mas os radicais americanos que conheci não eram homens violentos.

É difícil acreditar, por exemplo, que alguém pudesse imaginar V. J. Jerome, o teórico do Partido, com uma bomba ou com uma arma na mão. Não conheci Jerome muito bem, mas uma noite, acho que na esperança de me convencer de que o Partido contava com uma ala altamente intelectualizada, ele insistiu em ler em voz alta e interpretar *The Cenci*, de Shelley. Durante a metade final levei o cão para passear e se Jerome notou minha ausência, não a mencionou quando voltei. Anos depois, Jerome e vários outros representantes do Partido viram-se na prisão de West Street na mesma época em que Hammett lá se encontrava. Gosto de um incidente que Hammett me contou. Havia uma mesa de pingue-pongue num terraço sobre o prédio da prisão, e numa tarde, Hammett jogava de parceria com Jerome contra um homem preso pelo assassinato de um agente federal e outro preso por assalto a mão armada a um banco. Jerome teimou que o possível assassino dera bola-fora a uma bola boa. Hammett insinuou que talvez Jerome não devesse exigir honestidade de um criminoso. Jerome interrompera o jogo para explicar a Dash a necessidade socialista de se crer na reforma de todos os homens, o dever de lhes ensinar o bom caminho. Quando reiniciaram o jogo com seus impacientes adversários, tudo parecia correr bem até o décimo saque, quando Jerome gritou do outro lado da mesa que o assassino estava roubando de novo e que ele, Jerome, sentia-se chocado. O assassino jogou sua raquete pela mesa e avançou de faca em punho para Jerome. Hammett interferiu:

— O sr. Jerome quer se desculpar.

Jerome disse: — Não quero me desculpar. Você devia se envergonhar de estar roubando no jogo contra um camarada prisioneiro. Você devia aprender a...

Quando a faca foi arremessada, Hammett jogou Jerome no chão e agarrou-se ao assassino proferindo repetidas desculpas e insinuando que Jerome não estava muito bom da cabeça. A paz foi restabelecida quando Hammett forçou Jerome a comprar dois maços de cigarros para o arremessador de facas e declarar sob juramento que nunca mais jogaria pingue-pongue. Talvez o fac-símile russo de Jerome tivesse sido perigoso mas, por outro lado, tal fac-símile talvez também tivesse sido menos bobo.

Os intelectuais que se juntaram ao Partido, para depois o abandonarem, tinham direito de protestar contra a extraordinária linguagem usada contra eles pelos que se tinham mantido fiéis. No entanto, só mesmo intelectuais poderiam confundir os gritos de "renegado" ou "traidor" com os estragos causados por uma bomba ou por uma arma.

Em abril de 1952 coloquei a fazenda de Pleasantville à venda, e o trauma disso pode ser a causa do pouco que me lembro e da quase ausência de anotações, do período de poucas semanas que antecedeu meu comparecimento perante o Comitê. Sei, evidentemente, que Rauh escreveu uma carta que eu devia enviar ao Comitê. Não gostei muito, pois não soava como se fosse minha. Então, escrevi uma nova versão, ele escreveu outra, eu a reescrevi, ele me reescreveu, e acabamos com a seguinte versão:

19 de maio de 1952

Sua Excelência
John S. Wood
Presidente do Comitê de Atividades Antiamericanas da Câmara
Edifício Antigo da Câmara — Sala 226
Washington 25, D.C.

Prezado Senhor Wood:

Como é do seu conhecimento, fui citada a comparecer perante o Comitê no dia 21 de maio de 1952.

    Estou inteiramente à sua disposição para responder a quaisquer perguntas a meu respeito. Nada tenho a esconder do Comitê e nada há em minha vida de que me envergonhar. Meus advogados me informam que, nos termos da Quinta Emenda, é meu privilégio constitucional negar-me a responder perguntas a respeito de minhas opiniões, atividades e ligações políticas, invocando o preceito da autoincriminação. Não é meu desejo fazer uso desse privilégio. Estou pronta e disposta a testemunhar perante os representantes do nosso governo quanto às minhas próprias ações e minhas próprias opiniões, a despeito de quaisquer riscos ou consequências em que possa incorrer.

Contudo, meus advogados informam-me também que se eu responder a perguntas do Comitê quanto à minha própria pessoa, devo, de igual forma, respondê-las quanto a outras pessoas e que minha recusa em fazê-lo constituiria desrespeito. Informa-me meu advogado que, no caso de eu responder perguntas a meu respeito, estarei renunciando aos meus direitos previstos na Quinta Emenda e poderia ser legalmente forçada a respondê-las quanto a outras pessoas. Este é um ponto muito difícil de ser compreendido por um leigo. Mas há um princípio que compreendo muito bem: não estou disposta, agora ou no futuro, a causar sérios problemas a pessoas que, associadas a mim no passado, são inteiramente inocentes de qualquer ato ou palavra desleal ou subversiva. Não gosto de deslealdade ou subversão, sob qualquer prisma, e se as tivesse visto consideraria meu dever denunciá-las às autoridades competentes. Porém, magoar pessoas inocentes, a quem conheci há muitos anos, com o fito de salvar minha pele, é, a meu ver, um ato desumano, indecente e desonroso. Não posso e não desejo amoldar minha consciência à moda do ano, embora tenha chegado, há muitos anos, à conclusão de que não tenho pendor político e não me sentiria bem militando num grupo político.

Fui educada na velha tradição americana e há preceitos fundamentais que me foram ensinados: tentar dizer a verdade, não levantar falso testemunho, não magoar o próximo, ser leal à pátria etc. No todo, respeitei tais ideais de honra cristã e cumpri-os o melhor que pude. Tenho certeza de que todos concordarão com essas simples regras de decência humana, não exigindo de mim que rompa a boa tradição americana de onde se originam. Gostaria, portanto, de comparecer perante o Comitê e de falar a respeito da minha própria pessoa.

Estou pronta a renunciar ao privilégio contra autoincriminação e contar-lhes o que desejarem saber a respeito de meus atos ou minhas convicções, contanto que o Comitê se abstenha de me pedir outros nomes. Caso o Comitê não se mostre favorável à minha solicitação, ver-me-ei forçada a invocar o privilégio da Quinta Emenda durante a audiência.

Muito apreciaria uma resposta à presente.

Sinceramente,
Lillian Hellman.

Notas de um diário. 16 de maio de 1952.

Acho que foi Meg quem começou tudo. Pulou para a minha cama às 5 horas da manhã. Coisa que ela nunca faz, pois é orgulhosa demais para precisar de mim ou seja lá do que for. Amo esta cadela desde o dia em que ajudei a puxá-la do ventre de sua mãe, mas agora dei-lhe um pontapé e ela foi esconder-se não sei onde e recusou-se a tomar sua primeira refeição. Ao sair de casa, dei um encontrão em Maggie que estava varrendo o corredor. Ela estava bêbada, como sempre, ainda cedo, mas o FBI já a interrogou duas vezes a meu respeito e ela agora fica mais bêbada do que antes de o FBI aparecer.

O Shoreham Hotel, em Washington. Por que vim para cá tão cedo e sem contar a ninguém? Vou telefonar a Hammett hoje à noite e dizer-lhe onde estou. O telefone estará censurado, mas o que importa? Não, não vou lhe telefonar. Vou comprar algumas revistas e pedir caviar e filé e depois vou dormir. O filé estava ruim e não havia caviar. Amanhã vou gastar um monte de dinheiro com alguma coisa.

17 de maio. Acabo de voltar, depois de olhar roupas caras, sem comprar nada. O dinheiro começa a me amedrontar e esta semana não devo ficar com medo de nada. Terei muitos anos pela frente para isso, mas esta semana vou fazer de conta que não sei. Telefonei a Dash contando-lhe onde estou. Ele disse que achava melhor vir para perto de mim e respondi que ele não deveria. Já discutimos

a mesma coisa tantas vezes antes. Ele nada poderia fazer aqui, exceto prejudicar-me; sua fama, quero dizer, e seja como for, não quero pensar que possa reprovar-me pelo que estou fazendo. Telefonei a Joe, não contei que estava em Washington, perguntei se precisava de mim. Respondeu que não, mas que eu mantivesse contato com ele. Manter contato é uma expressão engraçada, acho que nunca a usei.

18 de maio. Eu não deveria ter vindo. Não sei o que fazer comigo. Darei um pulo à National Gallery. Detesto este bairro: grã-fino, não se pode passear nele.

À noite. Não fui à National Gallery. Fui ao zoológico. Bom ver coisas vivas alheias aos problemas futuros, ou à morte, ou a Comitês. Sempre tive vontade de ir para a cama com um orangotango; mas acho que nunca irei. Tenho agora um motorista de táxi que fica à minha espera, sem cobrar, por que diz que não se sente alegre. Telefonei a Dash. Contou-me que estava jantando costeletas de carneiro. Falei de mim e do orangotango, e ele respondeu que talvez me telefonasse depois do jantar.

19 de maio. Comprei um Balmain lindo e caro. Vou me sentir melhor vestida nele. Depois fui almoçar no Harvey's e o garçom me mostrou T. Edgar Hoover e Clyde Tolson e contou-me que almoçavam lá todos os dias. Aposto como se encontram com um orangotango todas as noites. Mas não consigo almoçar depois de vê-los: é uma dupla nojenta. Meu motorista de táxi está esperando, e decido tomar um avião

para Nova York, para voltar no dia 20. A meio caminho do aeroporto, mudo de ideia.

20 de maio. Numa noite insone, consigo compreender por que vim a Washington antes da data. Há cinco dias fui jantar na casa de Lennie Bernstein. Foi um jantar agradável na companhia de Shirley e de um casal cujo nome ouvi e esqueci. Depois do jantar Harry chegou. (Nota de 1975. Troquei seu nome. Ele está velho agora, e seu comparecimento perante o Comitê arruinou-lhe a vida levando-o à miséria e à invalidez.) Todos querem ouvir Harry falar, pois há duas semanas compareceu como testemunha adversa perante o Comitê. Eu, particularmente, desejo muito ouvi-lo, conquanto ninguém aqui saiba que na próxima semana será a minha vez. Harry, evidentemente, aprecia a atenção e a admiração, e gosto dele por isso. Ou gosto dele até ouvi-lo confessar que seu advogado o fizera decorar respostas a 25 perguntas antes de comparecer. Isso me deixa aterrorizada. Rauh não fez ensaio algum. Alguém pergunta:

— Como é que seu advogado conhecia as 25 perguntas?

— Ele arriscou — Harry respondeu — tirando a média do que via e ouvia de outras pessoas.

Ouço-me comentar: — Eu não conseguiria decorar respostas a quaisquer 25 perguntas. E não vou decorar.

Estou enojada e volto para casa. Telefono a Joe.

— Você não me disse que eu deveria decorar respostas a uma porção de perguntas. Não sou capaz e você deveria ter-me avisado.

Joe respondeu que não sabia de que eu estava falando. Contei-lhe o episódio de Harry e ele perguntou-me quem tinha sido o advogado de Harry. Antes que eu pudesse retrucar que não sabia, Joe disse que não acreditava em Harry, que Harry talvez não fosse um mau sujeito sob outros aspectos, mas não estava dizendo a verdade. Todos tinham o direito de querer parecer heróis, quem sabe eu fazia o mesmo. Depois riu e disse não, eu não seria capaz, até pelo contrário, durma bem, você não tem que decorar nada; no entanto, queria dar-me dois conselhos, nada importante, melhor deixar para a última hora.

Acho que quis ir embora de Nova York por causa de Harry.

Mais um dia. Telefonei a Rauh, que não estava, e deixei recado que estava hospedada no Shoreham. Depois, saio no meu táxi e vou apanhar meu vestido novo, compro um chapéu caríssimo e um belo par de luvas de pelica branca. De volta ao hotel, pergunto ao motorista se pode vir me apanhar no dia seguinte às 8 horas. Claro, diz ele, seria bom para distraí-lo um pouco. Do quê? Sua esposa sofre de câncer na garganta, mas não vão operá-la antes do meio-dia. Foi tudo o que ele disse, tudo o que eu disse. Antes de despedir-me dei-lhe um cheque de 100 dólares e lhe pedi que comprasse um presente para a esposa. Gosto de pensar que fui generosa, mas, talvez... porque se eu fosse uma menina boazinha agora Papai do Céu me ajudaria, e coisas assim. Meu vestido novo, o chapéu, as luvas, o presente serão a minha última extravagância por muitos e muitos anos. Fez-me bem. Havia dois *New York Times* no meu quarto, um de hoje, outro de ontem. Não senti vontade de lê-los e instintivamente tinha razão: Clifford Odets testemunhara favoravelmente, divulgando os nomes de velhos amigos e correligionários. Seu velho amigo Elia Kazan fizera o mesmo um mês atrás publicando, de quebra, um anúncio no *New York Times* cuja merda piedosa era difícil de acreditar. Fiquei sentada durante muito tempo pensando em Clifford, no jantar no Barbetta's. Teria sido sincero o que me disse naquela noite, ou tudo não passava de fingimento? Pior até — estaria tentando descobrir o que eu faria ou diria? Parece-me incrível que um homem adulto, inteligente, não possa calcular como vai agir sob pressão. Tudo se estabelece há muito tempo, quando se é criança, tudo misturado com as definições de orgulho ou dignidade descobertas na infância. Penso ser este o motivo pelo qual não gosto das dúvidas ocasionais de Joe quanto a eu inverter meu posicionamento quando estiver no recinto do Comitê. Posso fazer papel de idiota, mas vai ser só isto. Em circunstâncias especiais, tortura, por exemplo, as pessoas podem — e devem — entregar os pontos. Lembro-me de Louis Aragon me contando, e Camus repetindo, da única vez em que nos encontramos, que os membros da Resistência Francesa receberam ordens de resistir à tortura enquanto aguentassem, a fim de dar aos outros tempo de escapar, mas que não se deixassem matar ou inutilizar sob tortura. Desistissem e falassem. Isso faz sentido. Mas ninguém aqui sofreu torturas e não me agrada a moda atual de dizer que tortura psicológica equivale a braços quebrados e línguas queimadas. Para o inferno com isso. Preciso dormir.

A carta que enviei ao Comitê no dia 19 de maio de 1952 fora rejeitada por escrito no dia 20 de maio. Tornava-se, assim, necessário para mim fazer o que não queria: alegar a Quinta Emenda. Esta Emenda, evidentemente, é uma sábia parte da Constituição: você não pode ser forçado a incriminar-se. Mas a Emenda também apresenta dificuldades que pode ser que o leigo não compreenda bem. Tanto Rauh como eu acreditávamos que minha viagem à Rússia em tempo de guerra, tema de um outro livro meu, seria o principal objeto das perguntas do Comitê. Em 1944, eu fora convidada pelos russos a visitar a União Soviética como uma espécie de representante cultural. Tanto o presidente Roosevelt quanto Harry Hopkins acharam a ideia muito boa, mas, compreensivelmente, não se dispuseram a dar-lhe caráter oficial. Meu voo sobre a Sibéria foi arranjado pelos russos, mas Charles Bohlen, do Departamento de Estado, sem dúvida recebeu instruções para me fazer chegar ao Alaska.

Em Moscou, permaneci durante meses na embaixada, como hóspede de Averell Harriman, que era nosso embaixador. Tanto eu quanto Rauh acreditávamos que essa minha visita seria objeto de perguntas por parte do Comitê dado o seu evidente antagonismo à gestão Roosevelt. A Quinta Emenda era perigosa: caso me perguntassem se eu conhecia Harriman ou o presidente Roosevelt, eu teria de responder que sim, porque eu não podia declarar que conhecê-los poderia ser usado contra mim, mas caso me perguntassem se eu conhecia Chaplin ou Hammett, por exemplo, eu teria de me recusar a responder, pois uma resposta afirmativa poderia incriminar-me. Assim, obviamente, nosso dedo aponta para determinadas pessoas, e possivelmente para pessoas que mal conhecemos e cujos antecedentes apenas adivinhamos. Talvez seja tudo legalmente necessário, bem pensado, mas na prática pode se tornar um assunto repulsivo.

Minha audiência estava marcada para as 11 horas da manhã de 21 de maio de 1952. Rauh me pedira que estivesse em seu escritório às 8h30. Tentei dormir, não consegui, tentei ler, tomei dois banhos quentes. O telefone tocou duas vezes e, pensando ser Hammett, decidi não atender porque sabia que ele não se deixaria enganar por voz ou modos falsos. Durante a noite tentei descobrir o que se passava comigo — "estava definindo as coisas" era o que se dizia na minha época — e desisti, malignamente divertida, pelo fim da crise de autoanálise, já quase de madrugada. Fiquei tranquila, pois sempre soube, toda a minha vida, que uma explosão temperamental, ou mesmo uma simples crise nervosa, uma vez começada não pode ser controlada e, portanto, deve ser sufocada no começo. Assim, fiz um ótimo desjejum, e pedi ao meu melancólico motorista de táxi que me levasse ao escritório de Joe. Apertamos as mãos e ele me prometeu informar-me sobre o estado da esposa. Dei-lhe meu endereço em Nova York e nunca mais tive notícias suas.

Rauh estava falando ao telefone. Acenou-me com a cabeça, pôs a mão no fone, disse que estava falando com Thurman Arnold (Arnold fora procurador-geral adjunto e atualmente era sócio de Abe Fortas). A fisionomia normalmente alegre de Rauh estava, naquele momento, severa e rígida. Apanhei um jornal, fui para uma outra sala, fiquei lendo durante alguns minutos, e interrompi a leitura para dar com Rauh parado no umbral da porta.

— Thurman Arnold me telefonou — disse ele. — Diz que estou mandando você direto para a prisão com a tal carta que escrevemos. Diz que acha que devemos dar um jeito de declarar, antes que comece a audiência, que mudamos de opinião quanto ao teor da carta. Suas palavras textuais foram "Você e Fortas estão transformando essa mulher numa mártir." Não quero transformá-la em mártir. Arnold é um excelente advogado.

Levantei-me e fui para o corredor, andei para baixo e para cima, tentei abrir a porta trancada do toalete de senhoras, pensando que precisava estar passando mal. Rauh, com sua boa vontade, tinha conseguido me perturbar a ponto de ter náuseas. Não consigo tomar medidas rápidas, não sou nem capaz de tomar um avião de tarde se o plano era tomá-lo de manhã, não consigo ajustar-me rapidamente a padrões novos, não tenho índole nem mentalidade de fazer uma coisa, ainda que para melhor, se me preparei para outra. Tinha vontade de dizer a Rauh que estava zangada com ele, que os nervos que eu estava tentando controlar à base de certa disciplina estavam prestes a entrar em colapso. Mas quando voltei à sua sala ele estava tão arrasado que acabei não dizendo nada.

— Por favor, ligue para o sr. Arnold e agradeça por mim. Mas lhe diga que o que quer que me aconteça agora será melhor do que o que aconteceria se fôssemos começar algo de novo. E pare de se sentir culpado porque não me faz bem nenhum nesta manhã.

Rauh, seu assistente Daniel Pollitt e eu tomamos um táxi para a antiga Câmara. Lembro-me de dizer a mim mesma: "Contente-se em não se envergonhar do que acontecer. Só isso já chega."

Joe deu-me uma palmadinha no braço.

— Se as coisas ficarem muito pretas para você, avise-me e eu direi ao Comitê que você precisa ir ao banheiro. Provavelmente, só poderá fazê-lo uma vez, portanto tenha calma, lave o rosto, fume um cigarro. Se não sentir necessidade de descansar, controle o tempo e lembre-se de que há um recesso para o almoço aí pelo meio-dia e meia. Podemos ser chamados de volta, é claro, mas terá tido uma hora e meia para um cochilo, ou um drinque, ou ambos. Agora, o mais importante, preste atenção: *não faça piadas.*

— Fazer *piadas*? Por que eu faria piadas?

— Quase todos, quando se sentem insultados pelo Comitê, recorrem à piada ou bancam os espertos, porque se sentem constrangidos. Não faça isso.

O recinto do Comitê estava quase deserto, à exceção de umas poucas senhoras, idosas e de rostos miúdos, sentadas no fundo da sala. Pareciam residentes permanentes e, como ocasionalmente trocavam palavras, não era difícil concluir que formavam um grupo organizado ou um clube. Funcionários entravam e saíam, colocavam papéis na bancada e desapareciam. Comentei que talvez tivéssemos chegado cedo demais, mas Joe disse que não, que era melhor eu me acostumar ao ambiente.

Depois, acho que para tornar a espera mais fácil para mim, ele disse:

— Bem, agora posso confessar que logo que nos conhecemos eu estava morto de medo que acontecesse o que aconteceu com o meu amigo.

Interrompeu-se para dizer a Pollitt que não compreendia a imprensa — não havia um único repórter presente.

— O que aconteceu com o seu amigo? — perguntei.

— Ele representava um escritor de Hollywood que lhe havia afirmado que não se portaria como testemunha amigável em hipótese alguma. Foi só por isso que o meu amigo aceitou o caso. E então, eles chegam aqui, nestas mesmas cadeiras em que estamos, e ele, seguro de seu cliente. Em menos de dez minutos o cliente vira uma das testemunhas mais amigáveis que o Comitê já teve o prazer de conhecer. Indica todos os nomes que podia imaginar, inclusive o de seu colega de faculdade e amigo de infância.

— Não — disse eu —, isso não vai acontecer e por questões mais fortes que a sua honra ou até mesmo a minha. Já lhe disse que não sou capaz de mudar de uma hora para outra.

Joe comentou com Pollitt que já entendia a ausência da imprensa e o recinto meio vazio: o Comitê queria nosso comparecimento tão discreto quanto possível. Joe disse:

— Isto significa que estão com medo de nós. Não sei se é bom ou mau sinal, mas quero os jornais aqui e não sei como chamá-los.

Não era preciso saber. De repente, atrás de mim, a sala começou a ficar cheia e os repórteres se acotovelavam indo para os lugares reservados, e seu número ainda aumentava quando o deputado Wood fez soar o martelo. Eu não havia notado a entrada dos membros do Comitê, acho que não tinha percebido que iriam sentar-se numa parte elevada, o governo tomara lições com o teatro, ou talvez vice-versa. Alegrei-me por não tê-los visto entrar — formavam um quadro sombrio. Apesar do ressoar do martelo, ouvi a tosse alta de uma das senhoras idosas no fundo da sala. Ela não faria outra coisa senão tossir durante toda a audiência. Depois, ouvi quando uma de suas amigas recomendou:

— Irma, tome suas gotas para a tosse.

O interrogatório inicial foi o de sempre: nome, local de nascimento, profissão, os títulos das minhas peças. Não levou muito tempo para chegarem ao que realmente os interessava: meus tempos de Hollywood, os estúdios para os quais trabalhara, quais os períodos de que anos, com misteriosa ênfase em 1937 (a minha viagem à Espanha, pensei, mas estava errada).

Conhecia um escritor chamado Martin Berkeley? (Nunca conheci, ainda não conheço, Martin Berkeley, embora Hammett tenha me esclarecido, depois, que certa vez sentei-me com ele num almoço para 16 ou 17 pessoas na antiga diretoria da Metro-Goldwyn-Mayer). Declarei que devia recusar-me a responder a pergunta. O sr. Tavenner disse que gostaria de perguntar-me novamente se era fato eu haver declarado que estava no exterior durante o verão de 1937. Respondi que sim, que havia passado várias semanas em Nova York antes de ir para a Europa, e me preparei para o que sabia que viria: Martin Berkekey, uma das mais generosas testemunhas do Comitê, no que dizia respeito a Hollywood, ia agora entrar em cena. O sr. Tavenner leu o depoimento de Berkeley. Talvez seja digno de ser citado, seus pequenos detalhes foram muito bem-arrumados, até mesmo a respeito de seu "velho amigo Hammett" que só o conhecia por cumprimentos ocasionais.

Sr. Tavenner: — Gostaria que informasse ao Comitê quando e onde a seção de Hollywood do Partido Comunista foi inicialmente organizada.

Sr. Berkeley: — Bem, senhor, por uma estranha coincidência a seção foi organizada em minha casa... A reunião ocorreu em junho de 1937, em meados de junho. Minha casa foi escolhida porque tem uma sala espaçosa e ampla área para estacionamento de carros... E foi uma boa reunião. Fomos honrados com a presença de vários funcionários da zona comercial, e o espírito da reunião era bom... Bom, além de Jerome e dos outros que já mencionei, e não faz sentido percorrer a lista novamente... Também estava presente Harry Carlisle, que está agora sob processo de deportação, pelo que sou muito grato. Era súdito inglês. Depois que Stanley Lawrence se apropriara de todos os fundos do Partido por aqui, e para se redimir fora para a Espanha onde conseguira ser morto, mandaram Harry Carlisle para cá a fim de orientar as classes marxistas... Também na reunião encontravam-se Donald Ogden Stewart, que se soletra Donald Ogden S-t-e-w-a-r-t. Dorothy Parker, também escritora. Seu marido Allen Campbell, C-a-m-p-b-e-l-l; meu velho amigo Dashiell Hammett que se encontra agora preso em Nova York por suas atividades; aquela excelente escritora, Lillian Hellman...

E por aí vai.

Quando essa loucura acabou, o sr. Tavenner me perguntou se era verdade. Respondi que desejava fazer referência à carta que havia enviado, e que gostaria que o Comitê reconsiderasse meu oferecimento expresso.

> Sr. Tavenner: — Em outras palavras, está pedindo que o Comitê se abstenha de lhe fazer perguntas com relação à participação de outras pessoas nas atividades do Partido Comunista?

Não foi o que eu disse, respondi.

O sr. Wood disse que a fim de esclarecer os trabalhos, o sr. Tavenner devia fazer constar dos autos a correspondência entre mim e o Comitê. Foi exatamente o que o sr. Tavenner fez e, assim que acabou, Rauh pôs-se rapidamente de pé, pegou uma pilha de cópias mimeografadas da minha carta, distribuindo-as no espaço reservado à imprensa. Fiquei intrigada — não havia notado que Rauh tinha as cópias —, mas observei seu ar de felicidade.

O sr. Tavenner estava perturbado, muito mais do que essas palavras impressas sobre minha audiência possam descrever. Rauh disse que o próprio Tavenner havia feito as cartas constar nos autos, portanto era adequado distribuí-las. As polidas palavras de cada um, lidas naquela página, não soavam tão polidas quando ditas. Estou convencida de que quanto a esta parte do depoimento, bem como várias outras — sem dúvida o depoimento posterior de Hammett perante o Subcomitê de Segurança Interna do Senado —, a estenógrafa perdeu trechos do que foi dito e preencheu os claros depois, ou os documentos foram parcialmente editados. Já tendo lido vários exemplares do trabalho dessas estenógrafas, jamais encontrei uma versão verdadeiramente integral.

O sr. Wood disse ao sr. Tavenner que o Comitê não podia "colocar-se em situação de barganhar com as testemunhas quanto ao que estas irão depor" e que, assim sendo, julgava que ambas as cartas deviam ser lidas em voz alta.

Foi exatamente o que o sr. Tavenner fez, e houve conversas que não consegui ouvir, e murmúrios do lado da imprensa. Foi então que o sr. Tavenner perguntou se eu havia comparecido à reunião descrita por Berkeley, e uma das coisas mais difíceis que já fiz em minha vida foi engolir palavras, "não o conheço, e uma ligeira investigação de data e lugar lhe provaria que não me seria possível estar presente à reunião de que ele fala". Ao invés, disse que devia me recusar a responder a pergunta. A palavra "devia" naquela sentença irritou o sr. Wood — e tornaria a irritá-lo mais uma vez e mais outra — e ele me corrigiu:

— A senhora pode recusar-se a responder, mas a pergunta está feita. A senhora se recusa?

Mas o fato de me ter corrigido, a irritação de sua voz deixavam-me nervosa, e desandei a agitar a mão direita como se tivesse um tique nervoso, inesperado, e não conseguisse parar. Ocorreu-me que se uma palavra minha o levava à irritação, logo chegaria a vez dos insultos. Sentei-me ereta, forcei a mão esquerda a segurar a direita, rezando para que funcionasse. Mas eu sentia o suor brotando no rosto e nos braços, e sabia que alguma coisa estava para acontecer, alguma coisa incontrolável, e virei-me para Joe ao lembrar-me de sua sugestão quanto ao toalete de senhoras. Mas o relógio mostrava que fazia apenas 16 minutos que estávamos ali, e se estava para acontecer — esse mau quarto de hora —, melhor seria aguentar-me por mais tempo.

Eu era membro do Partido Comunista, tinha sido, em que ano tinha deixado de sê-lo? Como podia eu ferir pessoas tais como Martin Berkeley com minha confissão de que os conhecia, e coisas assim? Às vezes, eu não conseguia acompanhar o raciocínio, outras vezes compreendia muito bem que se me recusasse a responder perguntas sobre minha afiliação ao Partido estava, evidentemente, caindo na cilada de uma aparente confissão de que já tinha sido.

Mas no meio de uma pergunta sobre o meu passado, deu-se um fato tão notável que estou até hoje convencida de que o homem desconhecido que falou teve muita influência no resto da minha vida. Durante pelo menos três ou quatro minutos, uma voz na área reservada à imprensa soava mais alto do que todas as outras vozes. (A essa altura, penso que os repórteres já haviam terminado de ler a minha carta ao Comitê e discutiam seus termos.) À voz alta respondeu uma menos alta, mas as palavras eram ininteligíveis. De súbito, uma voz cristalina exclamou:

— Graças a Deus, alguém finalmente teve coragem de fazer o que devia ser feito!

É pouco sensato dizer que um determinado minuto foi o melhor momento de sua vida, você está esquecendo outros bons momentos, mas ainda penso que aquela voz desconhecida pronunciou as palavras que ajudaram a me salvar. (Eu tinha certeza de que tanto as senhoras idosas estavam contra mim, quanto a imprensa se mostraria antagônica.) Wood bateu o martelo e disse irritado:

— Se isso acontecer de novo, farei a imprensa ser retirada do recinto.

— Pois faça, senhor — respondeu a mesma voz.

Por cima do ombro, o sr. Wood falou com alguém e esse alguém se deslocou para a área da imprensa, mas foi só isso o que aconteceu. Até hoje o nome do homem que falou permanece desconhecido, mas durante meses, eu me dizia quase todos os dias que gostaria de dizer-lhe o que tive vontade de dizer ao sr. Wood:

— Não existe ameaça comunista neste país e o senhor sabe disso. O senhor transformou covardes em mentirosos, e isso é horrível, e obrigou-me a escrever uma carta na qual eu reconhecia seu poder. Eu devia ter entrado na sala do Comitê e declarado meu nome e endereço e ter-me retirado.

Muitos me disseram que apreciaram o que fiz, mas eu não, se não tivesse ficado com medo dos ratos na cela, e... Ah, a coragem de que você é capaz quando tudo já passou, coragem inventada.

Na sala do Comitê, ouvi o sr. Wood dizer:

— O sr. Walter não tem mais perguntas para a testemunha. Existe algum motivo pelo qual a testemunha não possa ser dispensada de futuros depoimentos perante o Comitê?

— Não, senhor — respondeu o sr. Tavenner.

Meu depoimento terminou 1h07 depois de ter começado. Creio que não entendi que já estava encerrado, mas Joe sussurrava ao meu ouvido tão alto e em tom tão alegre que levei um susto. Ele disse:

— Levante-se. Levante-se. Saia já daí. Pollitt vai com você. Não pare por nada, nem para responder a nenhuma pergunta. Não corra, mas ande bem depressa e faça que não com a cabeça e não pare se alguém se aproximar de você.

Diante dos meus olhos tenho uma carta recente de Daniel Pollitt, que é hoje um famoso catedrático de Direito da Universidade de Carolina do Norte. Ele não fala na nossa corrida para fora do local, a mais rápida da minha vida desde quando, menina, estava atrasada para a escola. Mas recorda que entramos num restaurante para tomar um uísque, e depois outro, e depois mais outro, à espera de Joe, que não veio, e ele se preocupando como é que pagaria a conta com um dólar e 50 centavos no bolso. Salvou-o, diz ele, um colega do Departamento de Estado que apareceu e pagou as despesas. Contudo, pelo meu diário, ele confundiu esse dia com outro dia poucas semanas antes. Rauh realmente veio ao nosso encontro, me beijou, deu palmadinhas no ombro de Pollitt, pediu sanduíches para nós e me disse:

— Ora, ora, conseguimos!

— O que foi que conseguimos? Não entendo por que acabou tão depressa.

Rauh explicou que não sabia se o Comitê não teria cometido um engano jurídico ao fazer minha carta constar dos autos, mas pela primeira vez tinham ficado em situação incômoda, talvez não quisessem enredar-se na coisa. Podiam voltar a notificar-me, mas teriam de encontrar outro motivo, e então, ele não tinha me mandado para a prisão afinal de contas, e tudo saíra muito bem.*

Eu ficava dizendo "meu Deus" enquanto mastigava o sanduíche, cansada demais para entender o que ele dizia. E voltamos ao escritório de Joe, e Joe estava telefonando para uma porção de gente, e de repente alguém falando com Arthur Krock, do *New York Times*, que disse ter aplaudido a posição que eu tomara e que acharíamos o relato do *Times* favorável. A bem da verdade, a imprensa mostrou-se muito amável, de modo geral, e cinco dias mais tarde, Murray

---

*Muita gente me pergunta sempre por que o Comitê não me processou. Posso apenas repetir o que Rauh pensou no dia da audiência. Ao terminar este livro, telefonei a ele para perguntar se, depois de tantos anos, haveria outra explicação. Ele disse:

— Eles queriam três coisas: nomes, que você se recusava a dar. Enodoá-la com a acusação de "comunista da Quinta Emenda", o que era impossível porque na sua carta você se prontificava a testemunhar a seu próprio respeito. E um processo, que não tinham condições de abrir por nos terem forçado a aceitar a Emenda. Eram bastante inteligentes para saber que a situação era insustentável. Nós os derrotamos, essa é que é a verdade.

Kempton escreveu um artigo no *Post* intitulado "Retrato de uma senhora," que me agradou muito.

Telefonei para Hammett e deixei recado que estaria em casa para o jantar. Não queria falar com ele. Não queria, nem por entrelinhas, dizer:

"Está vendo? Eu estava certa e você estava errado", porque é lógico que eu não estava certa, se com essa palavra subentendemos o que queríamos dizer e não dissemos, e o fato de eu ter me saído sem ser processada não provou que eu estivesse certa.

Tomei um avião para Nova York no fim da tarde. Sentia-me bem, até começar a vomitar depois da decolagem. Ao lavar o rosto lembrei-me de Sofronia, minha babá, dizendo à cozinheira ou a qualquer outra pessoa que conseguisse encurralar para ouvi-la falar de mim.

— Essa menina não tem estômago. Por mais enjoada que fique não consegue vomitar. Ela tenta, eu tento, mas não é possível.

Foi possível naquela noite e nos dois dias que se seguiram. Não me lembro bem desses dois dias, exceto que estava constantemente com sede, sono, e dizendo comigo mesma:

— De agora em diante, você não telefona para mais ninguém. Espere até que telefonem para você. A vida mudou.

A vida tinha mudado e muita gente deixou de me procurar. Mas outros, alguns bons amigos, outros quase estranhos, fizeram questão de me escrever ou de me convidar para jantar.

Foi muito bonito, principalmente porque eu sabia que alguns deles temiam as consequências de me verem.

Mas a confusão daqueles anos, a começar do meu *debut* perante o Comitê até muitos anos mais tarde, exigiu de mim um preço muito alto. Minha convicção no liberalismo estava quase exaurida. Creio que a substituí por um sentimento íntimo que, à falta de melhor definição, chamei de decência. E, no entanto, certos tendões sobreviveram ao fio dos punhais, talvez porque as conexões liberais tivessem existido por mais de trinta anos, e isso é muito tempo. Meu problema nada tinha de estranho, é típico do nosso tempo: mas para uma natureza que já não pode aceitar o liberalismo, é doloroso não ser capaz de aceitar o radicalismo. É como sentar-se incomodamente numa almofada por demais confortável. Muitos de nós, agora, pulam continuamente de um lugar para outro e continuamente caem no vácuo. O mundo criativo americano não é apenas igual mas superior em talento aos seus pares em outros países. No entanto, não assumiram a liderança, não propuseram novas teorias num país que clama por convicções e, já que não as possui, depara com grande número de pessoas agindo com violência absurda e sem sentido.

Mas haveria outras penalidades naquele ano de 1952: a vida se transformaria bruscamente em seus aspectos mais corriqueiros. Teríamos dinheiro durante alguns anos e então nada restaria, e isso duraria bastante, com quedas ocasionais. Foi o que percebi no dia em que recebi o mandado de citação. Tornou-se óbvio, e isso eu já disse, que teríamos de vender a fazenda. Eu também sabia que não me permitiriam escrever filmes, e que o teatro seria uma coisa incerta como sempre fora, e eu trabalhava devagar, levando quase dois anos para escrever uma peça. Os proventos de Hammett, gerados pelo rádio, televisão e livros, haviam-se acabado para sempre. Eu poderia ter loteado a fazenda e feito uma fortuna — recebi uma oferta que tornava possível a transação — e a teria aceito se Hammett não tivesse dito:

— Não, não posso permitir. Que outros retalhem a terra. Por que não esquecemos o assunto?

Um sentimento muito elevado, com o qual concordo e do qual sempre me arrependi de ter ouvido. Mais importante do que a venda da fazenda, eu sabia que uma fase de minha vida estava encerrada, e quanto mais depressa eu virasse a página, mais fácil seria adaptar-me a uma vida diferente, mas acredito que a venda da fazenda foi a mais dolorosa perda de minha vida. Talvez tenha sido ainda mais penosa para Hammett, mas que tolo jogo de adivinhação é comparar as dores causadas pela perda de um amado torrão no qual trabalhamos, de uma casa feita para você porque você assim a fez, pensando abrigar-se sob seu teto o resto da vida.

Porém, o que aconteceu cinco dias antes de nos mudarmos foi tão extraordinário que transformou a dor em algo mais, num sentimento quase bom, numa dádiva que me fez crer que talvez a sorte não nos tivesse abandonado de todo e que os sofrimentos passados talvez viessem algum dia a ter pouca importância.

Sempre tivemos veados na fazenda, e antes que o município de Westchester proibisse a sua caça, Hammett caçava sua quota e passávamos todo o inverno saboreando uma carne esplêndida. Muitas vezes, nas minhas caminhadas de inverno floresta adentro, ou numa trilha, encontrava-me face a face com um veado, ou com uma fêmea e seus filhotes. Frequentemente, a um farfalhar distante eu me acocorava para esperar, às vezes durante muito tempo, e às vezes recebendo o prêmio de divisar um veado bem próximo. Para mim, esses animais são as coisas vivas mais lindas que existem, e lembro-me de me encontrar certa vez numa posição ridícula enterrada num banco de neve, de braços estendidos para uma fêmea e chorando amargamente a rejeição quando ela, assustada, fugiu velozmente.

Dois anos antes de vendermos a fazenda, antes que surgissem os problemas, eu havia estendido um amplo gramado até um grupo de árvores frutíferas, com a intenção de fazer uma clareira por detrás, cercar e formar um parque para os veados que fosse só meu. Minha ideia era visitá-los somente nos dias em que, por ter trabalhado muito ou por algum outro motivo, eu merecesse a alegria de contemplá-los. Todavia, mal eu terminara o trabalho de limpeza da área, a fazenda teve de ser vendida.

Foi comprada por um casal muito agradável — tinha havido uma série de homens com estranhas propostas de dinheiro à vista e planos prontos para loteamentos — e o acordo com os compradores foi que sairíamos dentro de um mês. A pior parte do trabalho estava concluída: tratores, botes, ferramentas agrícolas, animais já tinham sido vendidos ou distribuídos.

Cinco dias antes da chegada do pessoal do depósito de móveis, eu estava lá em cima encaixotando uma coisa ou outra no meu quarto, que ficava diretamente sobre uma encantadora sala de trabalho que, desde há muito tempo, eu fizera especialmente para mim. A sala de trabalho abria-se para um espaçoso terraço diretamente defronte das árvores frutíferas e do parque de veados que nunca mais seria uma realidade, tendo ao lado um lindo jardim de pedras idealizado por um grande entendedor do assunto, já morto havia muito tempo, bem antes de termos adquirido a casa.

Hammett chegou ao pé da escada e sussurrou:

— Desça aqui. Fique bem quieta. Quando chegar aos últimos degraus abaixe-se para não ser vista pela janela.

Sua voz soava feliz e sôfrega, e ao descer correndo a escada eu o vi parado bem ao lado das grandes janelas. Fez sinal com a mão para que eu me abaixasse. Engatinhei os degraus depois do patamar, atravessei a sala de gatinhas e depois ele me ajudou a me pôr de pé vagarosamente. E, diante de mim, estava a mais bela visão de minha vida, tão inacreditável e deslumbrante, que os soluços me subiram à garganta até que Hammett tapou-me a boca com a mão.

Na estrada larga do lago, uns vinte veados pelo menos, movendo-se vagarosamente, vinham juntar-se a um grupo maior que passava na trilha mais estreita do pomar. Todos eles, maiores e menores, mais claros ou mais escuros, movimentavam-se sem medo, parando de vez em quando para mordiscar os tenros brotos de maio. Oito deles haviam-se aproximado do terraço, examinavam a casa, mas sem curiosidade, como se ela fosse uma outra espécie de árvore. Depois, um outro grupo atravessou o terraço e entrou no jardim de pedras, onde encontraram tantas coisas saborosas para comer que logo mais uns sete ou oito se juntaram a eles. Ao todo, contando o grupo da estrada do lago, o grupo do pomar e o grupo do jardim de pedras, havia sem dúvida uns 40 ou 50 deles, machos, fêmeas e filhotes, andando tranquilos, como a poucas pessoas já foi dado vê-los, creio até mesmo sem estarem alertas a sons ou movimentos. Depois de uma hora, Hammett e eu trocamos de lugar. Depois, passado muito tempo, Hammett arrastou-se pela sala, empilhou uma porção de almofadas numa cadeira para que eu me sentasse, colocando-a a uma distância adequada da janela. Lembro-me de ter olhado a hora: passava um pouquinho das 4 horas. Já eram mais de 6 horas quando os veados começaram a se dispersar, em pequenos grupos familiares, alguns tomando a direção da estrada principal para correrem de volta ao jardim de pedras, outros tomando novo rumo para o bosque de pinheiros, e a maioria voltando pelo caminho por onde tinham vindo — a estrada do lago. Quatro retardatários pararam para examinar um arbusto bem perto do terraço, mas ao latido de um dos nossos cães no canil distante puseram-se em fuga para os bosques. Nem eu nem Hammett trocamos uma palavra durante todo o tempo dos veados, mas creio que eu soluçava de vez em quando, porque ele sorria e acariciava minha cabeça.

Jantamos em completo silêncio. Mais tarde, naquela noite, fui até seu quarto. Ele fitava o teto, tendo dois livros esquecidos a seu lado.

Algo de muito bom foi nosso. Quantos conseguiram isso?

Ele sorriu e virou o rosto para o outro lado.

— Ouça — disse eu —, volte para Nova York. Prefiro fazer a bagagem de última hora sozinha. Está tudo bem agora.

Ele não respondeu e voltei ao meu trabalho. Ele passou uma grande parte da manhã seguinte olhando pela janela e depois foi dar um passeio pelo bosque, como fazia há tantos anos, levando um sanduíche no bolso. Naquela noite ele disse:

— Dá para você se entender sozinha com o pessoal da mudança?

— Sim — respondi —, não devemos mesmo nos despedir juntos deste lugar. Seria pior para nós dois.

Ele partiu na manhã seguinte. Kitty, os Benson e eu prosseguimos separando e encaixotando coisas. Foi Kitty quem me lembrou que ainda não tocáramos no sótão. Ao subir a escada, fiquei irritada ao constatar que Hammett havia usado o sótão durante muitos anos como esconderijo para as coisas caras e malucas das quais gostava tanto a princípio e depois esquecia: havia uns 30m de fio telefônico; um pacote imenso que nunca tinha sido aberto e que descobrimos ser um bote inflável; um tabuleiro de xadrez com todas as peças dispostas cuidadosamente e que nunca fora usado; uma geladeira portátil, testada e agora quebrada; dois conjuntos de couro especiais para caçadas em dias muito frios; um trem de brinquedo, misteriosamente endereçado ao filho de um amigo e que nunca fora enviado; duas varas de pesca e molinetes, caríssimos, além das outras quatro em uso lá embaixo; a coleção de Spengler em alemão, idioma que Dash não lia; dois pares de chinelas de peles, com meu nome no pacote; uma escada portátil dobrada e uma infinidade de quinquilharias que eu não sabia identificar. Sendo o fio de telefone o item mais inexplicável de toda aquela bagunça, enviei-o para Hammett em Nova York, e durante um ano pelo menos o pacote por abrir ficou num canto e nenhum de nós jamais o mencionou.

O pessoal da mudança devia chegar na segunda-feira bem cedo. Na tarde de domingo, Henry Wallace me telefonou convidando para um jantar de despedida com ele e Ilo, sua esposa. Eu conhecia Wallace muito bem e tinha pertencido ao grupo que lhe dera apoio como candidato do terceiro Partido na campanha presidencial de 1948, contribuindo para ela quando não estava em condições de contribuir para coisa alguma, e viajando com ele em suas turnês de comícios. Com o passar dos meses fiquei cada vez mais convencida de que dera um passo tolo e irrefletido. Eu vira o terceiro Partido como algo fundamental para o país — e ainda o vejo assim —, mas não quisera esgotar todas as minhas energias numa campanha presidencial. Julguei que nos concentraríamos em distritos, bairros, até mesmo vizinhanças, num trabalho lento e pequeno destinado a um longo futuro, e discordava de se empatar tanta energia e dinheiro, todo ele, aliás, num homem sobre o qual eu tinha várias dúvidas. Minhas dúvidas nada tinham a ver com o carinho que sentia por Wallace: seus conhecimentos, raros e estranhos, muitas vezes notáveis em seu aspecto prático, ou excêntricos em seu misticismo, me interessavam; mostrava-se grave quanto às condições dos Estados Unidos, franco quanto aos seus temores pelo futuro, mas não havia sombra de dúvida de que a poderosa mão de Roosevelt mantivera freio curto nos conflitos da personalidade de Wallace e as incomuns digressões de sua mente.

Mas por volta daquele domingo de junho de 1952, na véspera de minha mudança, o Partido Progressista se achava desintegrado. Wallace e eu continuamos amigos, em parte porque eu, poucos anos antes, havia me mostrado disposta a apostar uma boa quantia em seu projeto predileto, a cruza da galinha Rhode Island Red com a Leghorn, na tentativa de conseguir uma espécie que fosse simultaneamente boa poedeira e boa para corte, um cruzamento que, ao contrário de suas brilhantes experiências com o milho, jamais teve êxito. Mas muito antes daquele domingo, Wallace já se desiludira do Partido Progressista, dizendo aos outros que eu era a única pessoa ligada ao Partido em quem ele confiava (nunca tive certeza se ele disse mesmo isso — não me pareceu coisa dele).

Quando Wallace deixou Washington, e antes da fundação do Partido Progressista, ele comprou um sítio a menos de meia hora do meu. A princípio nos encontramos como bons vizinhos e depois, evidentemente, nos vimos muito amiúde durante os ativos dias do Partido Progressista — nunca na presença de Hammett, que sempre saía da sala à entrada de Henry — e, finalmente, cada vez menos depois da campanha do Partido Progressista. Preocupavam-me as posteriores declarações bastante inusitadas de Wallace: uma inocência desconfiada do que tinha acontecido, uma desagradável qualidade de amuo.

No princípio do outono de 1948, quatro ou cinco de nós almoçávamos juntos no dia de um grande comício noturno. Ao fim do almoço, Wallace deu a entender que queria conversar comigo (um de nós, como sempre, se atrasou ao completar a gorjeta do garçom; Henry nunca deixava mais de 5%, o que já fora causa de algumas situações constrangedoras). Depois de caminharmos um pouco, ele me perguntou se era verdade que muitos dos membros, as pessoas importantes, do Partido Progressista eram comunistas.

A pergunta foi tão surpreendente que dei risada e respondi que, sem dúvida, era verdade. Ele disse:
— Então, é verdade o que andam dizendo?
— Sim — respondi. — Achei que você já devia saber que o trabalho pesado e sujo no escritório é feito por eles, e uma grande parte do seu péssimo assessoramento vem do alto escalão do Partido. Não creio que sejam mal intencionados; são teimosos.
— Entendo — disse ele, e nada mais.

Todavia, várias semanas depois, numa reunião de diretrizes do Partido, notei que estava irrequieto e atento. Os comunistas presentes, e havia talvez uns quatro deles dentre as dez pessoas naquela reunião, insistiam tenazmente e sem muita lógica num determinado assunto cujos detalhes me escapam agora, mas do qual eu discordava. Já me convencera de que meus constantes pedidos para que afastássemos nossa atenção e dinheiro da campanha presidencial e nos concentrássemos em constituir pequenos escritórios do Partido espalhados pelo país na esperança de um futuro modesto, mas sólido, e não numa campanha nacional espalhafatosa, sem esperanças de vitória, eram uma causa perdida. Sabia que meus argumentos já haviam sido derrotados não apenas por Wallace, que desejava todo o dinheiro e atenção concentrados na campanha presidencial, mas também pela facção comunista que possuía grande influência sobre o grupo que não era comunista.

Naquela noite, telefonei a um amigo — não sabia se ele era um dos membros do Partido ou chegado a eles — e perguntei-lhe se teria condições de conseguir uma reunião entre mim e os dois ou três que ele considerasse ser do primeiro escalão do Partido Comunista.

Dois dias depois, à tarde, nos encontramos no apartamento desse amigo. Lá estavam três homens, todos de muito gabarito, pois reconheci seus nomes. Meu amigo nos deixou a sós e declarei que me parecia haver seis comunistas no Partido Progressista, dois dos quais eram inteligentes e flexíveis, e quatro imprudentes e teimosos, interessados em pouco mais do que fazer prevalecer sua vontade.

— Acho que entendo Henry Wallace — disse eu. — Ele não se opõe a vocês porque o que eles querem é, no momento, o que ele também quer. Mas quando ele perder, vai-se voltar contra todos vocês, e é o que merecem. Vocês têm o seu próprio partido político. Por que interferir em outro? É meter o nariz onde não são chamados e é preciso pôr um fim a isso porque não vai dar certo. Por favor, pensem no que estou dizendo.

Fui para outra sala servir-me de uma bebida e dar tempo a eles. Quando voltei, dois já haviam ido embora. O de título mais importante estava à minha espera.

— Achamos que o que disse faz sentido, pois conhecemos os homens dos quais nos falou. Mas se ilude ao pensar, como tantos outros, que o Partido Comunista é dirigido por um grupo limitado. A verdade é que não temos controle sobre esses homens teimosos e imprudentes de que nos falou. Vamos repetir-lhes o que nos disse, e, dessa vez, concordo com você. Mas não pense que isso vai mudar alguma coisa.

Não sei se chegou a fazer ou dizer alguma coisa, mas não houve mudança e depois do nosso fracasso nas eleições — fracasso até de conseguirmos o número de votos que havíamos calculado — o humor de Wallace tornou-se estranho e, antes que se passasse muito tempo, pôs-se a declarar abertamente que não soubera da existência de comunistas no Partido Progressista. Eu, por ter-lhe contado o fato, via-me obrigada a crer que ele mentia, mas existe a possibilidade de que sua personalidade tão bizarra tenha desprezado nossa conversa numa hora em que não lhe convinha ouvi-la. Ele não era um homem simples.

Na noite de domingo, véspera da segunda-feira de minha partida da fazenda, eu estava exausta e sem vontade de cobrir a meia hora de carro até a casa de Wallace. Mas havia um quê de amável no convite para jantar, um desejo, pensei, de manifestar sua boa vontade. Quando cheguei, a figura de Ilo Wallace na varanda formava um belo quadro. Disse-me que Henry estava fora, tratando dos gladíolos, mas que não se demoraria. Estava tentando um cruzamento dessas flores, e me recordei do comentário de Hammett de que seria melhor se ele deixasse o resto em paz e tentasse um cruzamento de si mesmo. Ilo era uma mulher bonita, um pouco pesada na meia-idade, e uma senhora um tanto ou quanto enigmática. Contara-me alguns episódios de seu passado. Um deles me divertiu muito, embora um sem-número de perguntas discretas, e posteriormente indiscretas, não tenha conseguido tornar claro se ela se dava conta do humor presente no que havia dito, ou se simplesmente contava o que se passara sem tê-la perturbado. Disse-me que no dia de seu casamento, o pai de Henry, ministro da Agricultura tanto no mandato de Harding como no de Coolidge, dera-lhes um Ford de presente. Ela e Henry saíram da igreja após a cerimônia, e Henry ficou tão contente ao ver o Ford que, ignorando os beijoqueiros e os congratuladores, correu imediatamente para o carro e foi-se embora. As pessoas acharam isso esquisito, mas disseram que Henry estava testando o carro para o conforto da noiva. Isso até que meia hora se passou e, depois mais meia hora. Lá pelo fim da tarde ele voltou e gritou do carro:

— Venha, Ilo. Eu tinha me esquecido de você!

Ela não sorriu ao contar a história, mas também não mostrou nenhum ressentimento, e cheguei à conclusão que nenhuma emoção profunda governara, ou sequer entrara, em sua vida.

Ficamos batendo papo naquela noite de domingo até a chegada de Henry, quando Ilo disse que a cozinheira estava de folga e que ela mesma prepararia o jantar.

Eu estava louca de vontade de beber, mas sabia que isto estava fora de cogitação. O diálogo entre mim e Henry foi cansativo e inútil, como sempre acontece entre pessoas que, sabendo o querem dizer, decidem calar-se. Finalmente, Ilo anunciou o jantar. A fazenda de Wallace era mais uma granja avícola e o jantar de Ilo consistiu de dois ovos pochês sobre duas bolachas de trigo integral para Henry, com uma aparência horrível, e que ficara mais insultante ainda diante do meu ovo pochê. À vista de jantar tão mesquinho e descortês levou-me a dizer que já havia jantado e não desejava mais nada. Esperei que terminassem, o que levou pouco tempo dada a escassez do jantar, e se por um lado Ilo não se perturbou — o que seria capaz de perturbar uma mulher que põe ovos pochês sobre bolachas de trigo? —, obviamente Henry notara meu cenho franzido. Quando me levantei para ir embora, Henry disse que tinha um presente para mim. Isto era tão inusitado que fiquei parada na penumbra enquanto ele colocava um pacote grande no porta-malas do meu carro. Trocamos todos apertos de mão, dizendo que precisávamos tornar a nos encontrar logo.

Pelo meio-dia do dia seguinte, no meio da confusão da mudança, lembrei-me do presente no porta-malas. Benson e eu abrimos o pacote para nos depararmos com um saco de esterco de 25 quilos, presente pouco útil para quem acabava de vender uma fazenda e não muito delicado para uma mulher. Jamais tornaria a ver Wallace, mas não creio que os ovos e o esterco fossem os responsáveis.

Aquela segunda-feira não foi um dia feliz. Pessoas chegavam para apanhar o que haviam comprado — as vacas leiteiras, os patos, as galinhas, os 11 *poodlezinhos*, a maquinaria agrícola, os botes, o jogo lindo de facões, as mesas, os quatro magníficos *Angus*, a máquina de fazer e enlatar salsichas, as centenas de objetos que compõem uma fazenda ativa. Naquele dia eu soube que nunca mais os teria. Mas sempre que me dizia isso, dizia-me em seguida que eu tinha sorte de tê-los tido um dia, e é como me sinto ainda hoje, depois de todos esses anos. A perda de dinheiro pode roubar-lhe aquilo que você mais gosta e aquilo que você faz bem, mas no meu caso, resta-me a certeza de que se não fora o problema todo, eu teria permanecido em um só lugar, mais tempo do que o necessário. Que homens corruptos e injustos me tenham forçado a vender o único lugar certo para mim me deixa furiosa, mas já não tem tanta importância, pois existiram outros lugares que me serviram muito bem. Se eu tivesse permanecido na fazenda teria envelhecido mais depressa cuidando do trabalho. Não há muitos lugares, épocas ou cenas que se possa recordar sem que o prazer se turve um pouco. As pessoas que trabalharam para nós provavelmente sentem o mesmo, pois a cada Natal ainda trocamos presentes, mas não nos reunimos por medo talvez de conversas tristes sobre um passado feliz. Benson, meu capataz, está morto, mas sua mulher viveu para criar um bom filho, e sempre que converso com ela lembro-me do menininho alegre e rechonchudo sentado nos degraus do terraço junto com Hammett, um amargo ex-católico a guiar a criança pelo seu próprio catecismo e a explicar com carinho o significado da cerimônia.

Notas de um diário de 10 de maio de 1952. Telefonei para Marc Blitzstein e nos encontramos no Russian Tea Room. Contei-lhe que dentro de uma semana ou dez dias eu compareceria perante o Comitê e pedi-lhe segredo. Explicava-lhe por que estaria impossibilitada de fazer a narração de *Regina** no concerto de 1º de junho. Já devia tê-lo informado com mais antecedência, mas conquanto eu o ame muito, e sejamos amigos muito chegados, há ocasiões em que não gosto de ouvi-lo. Esperei por um sermão, não sabia qual, mas um sermão, por isso comecei por dizer que Lennie o faria muito bem, talvez até melhor. Blitzstein fitou-me por algum tempo e depois disse:

— Não, não podemos dispensá-la, nem você pode se dispensar. Ia parecer covardia de nossa parte.

Respondi que eu talvez fosse covarde, não suportava a ideia de uma plateia me vaiando e era isso o que ia acontecer.

— Não creio que vaiem você, e se o fizerem não vou permiti-lo. Entrarei em cena para dizer que não quero ver minha música sendo tocada para tal tipo de gente, devolveremos o dinheiro e os mandaremos para casa.

Desandei a rir, pois era fácil imaginá-lo procedendo assim e se divertindo. Ao nos despedirmos, ele disse:

---

*Ópera de Blitzstein baseada em *The Little Foxes*, de minha autoria. (*N. da A.*)

— Você tem coisas maiores com que se preocupar. Esqueça o concerto, nós o enfrentaremos na noite em que ocorrer.

De um diário de 2 de junho. E lá estava eu ontem à noite, no meu vestido Balmain do Comitê. Marc chegou ao Y antes de mim, ambos antes da hora. Diz ele que o saguão já está cheio, que a lotação ficará esgotada; será que aceitam lugares de pé? Respondi que não sabia de nada, só do medo que sentia. Ele me mandou calar a boca mas também está assustado, porque se mexe tanto pelos bastidores e meneia a cabeça cada vez que passa por mim. Permaneço nas coxias. As pessoas se abanam, pois a noite está quente, mas sinto frio. Estou muito pior do que no dia em que compareci perante o Comitê, talvez porque este é o meu meio e as plateias me assustam. Uma voz diz:

— Precisa de um drinque? — E viro-me para deparar com um irlandês grandalhão de cabelos ruivos. Respondo que é lógico que preciso, mas me esqueci de trazer. Sua mão direita surge das costas e me oferece o maior trago de *bourbon* que já vi. Bebo depressa demais e ele me traz uma banqueta e um copo d'água. Depois desaparece. Marc torna a passar por mim, vai para o poço com os músicos, mas a bebida torna tudo pior. Agora estou tremendo de verdade, e ao me mexer, arrebento a meia nos suportes de madeira da banqueta. O ruivo aparece novamente e me informa que estou do lado errado para minha entrada no palco. Vamos para o outro lado e tropeço num cabo. Ele diz:

— Você precisa de mais um drinque. Um só faz mal ao estômago.

Quando chegamos ao lado oposto, o ruivo toma seu lugar no painel de iluminação, grita alguma coisa para alguém, e em poucos minutos me trazem mais um *bourbon*. Hesito e o ruivo comenta:

— É o melhor que há.

Bebo metade. Vejo o pano subir e lembro que sou a primeira a entrar em cena. Não consigo me levantar da banqueta. O ruivo diz:

— Vamos. Vamos depressa.

Eu me virei, acho que à plena vista da ala direita da plateia, e disse:

— Se eu não estivesse bêbada, não diria isso, mas se você não fosse casado, gostaria que considerasse minhas possibilidades. Ele ri e diz:

— Entre em cena.

Cruzei metade do palco, olhando para a frente, murmurando qualquer coisa para mim mesma, uma oração, não me lembro. E, de repente, os aplausos ensurdecedores. É tão inesperado que fico paralisada no meio do palco em tão espantada surpresa que as primeiras filas começam a rir. E então, toda a plateia se levantou, aplaudindo, e eu a encaro, incapaz de fazer um movimento. Por um segundo penso que os aplausos são para os músicos, mas eles também estão de pé, e Marc me conta depois que olhei para trás para ver se a ovação seria para outra pessoa. Ouço, então, a voz de Marc vinda de não sei onde dizendo:

— Pelo amor de Deus, vá para o seu lugar.

Quero tanto chorar, mas obedeci, abri o livro da minha narrativa e não podia acreditar nos sons tranquilos que saíam de mim sobre *foxes*, e o trabalho de Marc para transformá-lo em *Regina*. Normalmente leio depressa demais, mas desta vez, está tudo bem, leitura vagarosa e rítmica. No fim da primeira parte da minha narrativa, o canto começou — nem sequer notara a entrada dos cantores no palco —, e quando já ninguém me observa, procuro um lenço no bolso. Não trouxe nenhum. Alguém à minha direita faz um movimento e vejo que o ruivo atravessou os bastidores e da coxia me faz sinais, bem perto de mim. Levanto-me do banco. Eu não devia me movimentar, é claro, mas ele me parece agora o melhor amigo que já tive e eu não me atreveria a desobedecê-lo. Ele me entrega uma garrafa de refrigerante e um copo de papel.

— É *bourbon*. Leve com você.

Não tenho outras notas para aquela noite. Todo mundo diz que nos saímos muito bem, e que foi um grande sucesso. Dois dias depois tento descobrir o nome do ruivo, mas ninguém parece saber. Procuro o sindicato de empregados teatrais, descrevo sua aparência, e eles prometem descobrir quem estava trabalhando naquela noite. Mas nunca me deram notícias e desde então nunca mais vi o ruivo.

Por quase um ano após meu comparecimento perante o Comitê, e depois da venda da fazenda, poucas são as minhas reminiscências e raras as notas de diário. Hammett, que não gostava de Nova York, alugara de uns amigos uma casinha em Katonah, tornando-a ainda menor e mais triste com as tralhas de Pleasantville e a imensa quantidade de livros que acabou ficando empilhada pelas poltronas e pelo chão, de tal forma que se tinha de esgueirar pelo chão como uma serpente e havia apenas um cantinho de sofá para se sentar.

Fiz duas operações de pólipo na garganta aquele ano, e penso lembrar-me dessas operações porque ocorreram dois dias após a noite de estreia da remontagem de *The Children's Hour*. A direção da remontagem foi minha, e minhas lembranças das operações sou eu deitada na cama pensando em meu lugar no teatro. Kermit Bloomgarden, o produtor, dera uma agradável festa de noite de estreia num pequeno restaurante italiano e, perto da meia-noite, nosso agente publicitário nos deu pelo telefone a crítica publicada pelo *New York Times*. Fiquei do lado de fora da cabine telefônica e, enquanto Kermit ia repetindo a crítica para mim, eu pensava em como era boba por estar tão nervosa com o que poderiam comentar de uma peça escrita 18 anos antes. O teatro é, por necessidade, um negócio tolo, e naquela noite senti-me como a maior idiota do mundo.

E no decorrer daquele ano tive o que poderíamos chamar, por cortesia romântica, de um caso com um homem a quem eu rejeitara aos 21 anos. Quando eu era jovem, sua personalidade canalha me parecia cômica. Mas já na casa dos quarenta anos parecia-me pura crueldade gratuita, aplicada pelo simples prazer da dor que causava aos que dele se aproximavam. Eu era uma presa fácil naquele ano e ele admitiu que me telefonara pensando exatamente nisso, para retribuir o "insulto" de 25 anos antes. Ele o retribuiu de fato, mas não por muito tempo, e quando descobriu que não seria coisa demorada, seguiu-me até Roma, internou-se num hospital, e anunciou que o médico dissera que estava com câncer. Será que eu telegrafaria a seus filhos? Seus filhos não vieram, mas a cada dia em que eu relutantemente o visitava tínhamos uma cena de despedida de diferentes aspectos: um dia, ele se dizia feliz com a vida plena que vivera, e o prazer que seus inimigos teriam ao saber de sua morte. (Disse-me que eu não precisava negar e não neguei.) Outro dia, no meio de minha visita, seus olhos cerraram-se no que ele dizia serem dores excruciantes que o faziam desejar a morte. Em duas visitas conversou comigo sobre a distribuição de propriedades que não possuía; eu seria herdeira de tudo porque seus filhos não haviam respondido ao telegrama. Deixava-me um Picasso que nunca teve e uma dúzia de cadeiras Regência que estavam num depósito, só que não se recordava o nome da firma. Tais visitas não me agradavam, mas não posso negar que admirava sua coragem a despeito de tudo que eu sabia dele. Pelo fim da semana esbarrei com seu médico no corredor. O médico era americano, portanto não foi por problema de idioma que não conseguíamos nos entender, até que mencionei as terríveis dores do câncer do paciente, não se podia fazer alguma coisa? O médico respondeu que seu paciente sofria de uma ligeira crise de colite, era absolutamente desnecessário permanecer no hospital, e estavam lhe dando alta naquele dia. Dei meia-volta, enfiei a cabeça na fresta da porta, repeti tudo, e ele berrou!

— Esse médico é um mentiroso! Ele me disse que eu tinha câncer.

Jamais tornei a ver esse não canceroso não inválido, mas devo dizer que há cerca de oito anos ele me enviou uma sombrinha japonesa de papel.

Creio que esse caso — termo grandioso demais para o que aconteceu entre nós — permaneceu em minha memória tantos anos porque, punida pelo que eu julgava ser uma corja de canalhas políticos, fui evidentemente levada a buscar um tipo diferente de canalha e uma outra espécie de punição. Posso achar cômico agora, mas não foi nada engraçada a noite em que, parada no cais de Palm Beach, e a distância, vi quando ele abraçou outra mulher. Ao me ver no cais, veio sorrindo para mim.

— Aquela era minha cunhada. O nojento do meu irmão tornou a deixá-la sem um tostão.

Parecia-me idiotice demais lembrá-lo que não tinha irmão algum, e voltei para Nova York pensando que quem semeia ventos colhe tempestade, e é disso que mais devemos ter medo. Começava a aprender que alterações, perdas, mudanças de vida só constituem perigo quando nos dedicamos ao desastre.

O dinheiro começava a ir embora e estava acabando depressa. Meus ganhos haviam caído de 140 mil dólares anuais (antes da lista negra cinematográfica) para 50 mil e depois 20 mil e depois 10 mil, dos quais uma gorda fatia foi levada pelo Departamento do Imposto de Renda, que me glosara na venda de uma peça que a administração anterior aparentemente me autorizara a fazer. Não compreendi na ocasião e não compreendo agora. Meu advogado me recomendou um acordo. Mas o acordo concedido foi pequeno e a coleta grande demais.

A perda de dinheiro foi menos importante do que pensei. A segurança da classe média é um credo do qual nunca me libertei, mas que tem certas virtudes. O que me aborrecia, principalmente, era a necessidade de ver o que podíamos jantar, o que não podíamos, quais as tarefas domésticas que eu poderia fazer, quantos vestidos eu queria que não podia comprar, a quantia ínfima que Hammett, apesar de meus protestos, tirava do cofre todos os meses, vivendo de migalhas, não podendo comprar nada exceto comida e pagar o aluguel. Isso me entristecia: há dez anos, desde que o Imposto de Renda cancelara seus proventos — dois dias depois de ser preso — que ele não comprava um terno novo ou sequer uma gravata, até a semana da noite de estreia de *Toys in the Attic*, quando comprou um novo terno a rigor e, acredito, divertiu-se muito com a peça e com a agradável sensação de um terno novo. Em 1960, *Toys in the Attic* foi um grande sucesso e, pelo menos quanto a finanças, a fase má tinha terminado. Hammett morreu um ano depois, mas naquele último ano viveu com segurança.

Em 1953 eu me achava em Roma com o visto temporário da sra. Shipley. Trabalhava num filme para Korda, que seria dirigido por Max Ophuls, e tinha preferido ficar em Roma porque era mais barato do que qualquer outro lugar. Morava num pequeno apartamento com *kitchenette* num hotel reles no vulgar bairro de Parioli. Tinha alguns amigos, mas atravessava uma fase de não querer ver ninguém, desejando apenas economizar, só tirando dinheiro do bolso para enlatados, fazendo caminhadas em vez de tomar táxis, e detestando tanto tudo aquilo que me dava às vezes um frenesi de fazer compras inúteis. Esses ataques tornaram-se tão obsessivos, tão ridículos, que, finalmente, encontrei um modo de controlá-los: durante aquele ano e durante muitos anos, onde quer que eu estivesse, dava-me de presente o equivalente a cinco dólares para desperdiçar. Gastava-os sempre em lojas tipo "Dois mil-réis" com ninharias que não tinham utilidade: jogos, balas de má qualidade, batons de cores horrendas, brinquedos que se desfaziam, livros de bolso que já tinha lido, caixinhas de costura e armarinhos, já que estava aprendendo por conta própria a consertar e remendar. O dia dos cinco dólares era sempre numa segunda-feira, e acabou sendo uma boa solução, pois depois de comprar essas coisinhas imprestáveis, eu me sentia melhor e não sofria a tentação das roupas, sapatos e bolsas que naquele ano em Roma eram muito elegantes.

Foi o tempo em que me senti mais só, mas a vida era boa e consegui conhecer muitos dos tesouros secretos da cidade em minha faina de procurar restaurantes e feiras baratas, e foi assim que descobri lindas igrejinhas e construções interessantes em bairros da cidade onde normalmente não teria ido.

De vez em quando encontrava-me com amigos ou conterrâneos, de passagem pela cidade, e às vezes era chamada ao iate de Korda, em geral em Antibes, para reuniões sobre a conferência de meu *script* ou debates sobre o que eu já tinha escrito. Ele e Ophuls mostravam-se contentes com o que já tinha sido feito por mim, e eu voltava a Roma pra debruçar-me sobre a adaptação de um livro de Nancy Mitford, do qual em outros tempos eu teria guardado distância, rezando para que não precisasse passar o resto da vida fazendo coisas de que não gostava.

Tenho poucas lembranças nítidas desses vários meses em Roma, à exceção do drama que ali se desenrolaria em julho. Naquela época, nossa embaixadora era a sra. Luce e o fato não foi devidamente levado em conta senão por um casal que eu conhecera anos antes em Nova York. A esposa tinha sido uma radical e volta e meia eu a via. O marido, disseram-me, era escritor. Eram amigos da sra. Luce, convidados com frequência para jantares, o que intrigava muita gente: por que a sra. Luce gostava de gente com antecedentes políticos radicais? Já que não disponho de provas de que se viram envolvidos no que me aconteceu, troco aqui seus nomes para Dick e Betty. Contudo, realmente tenho provas de que embora ele trabalhasse como correspondente independente para uma agência de notícias, trabalhava também para a CIA e, pau pra toda obra que era, para o Vaticano.

Pouco tem a ver com a influência que exerceram em minha vida o fato de eu ter-me encontrado com Sam e Frances Goldwyn, e quando estávamos sentados num café ao ar livre, fomos cumprimentados por Dick e Betty que estavam acompanhados de duas "estrelinhas" quase nuas e um homem de camisa aberta até o umbigo de braceletes ao redor dos braços, cotovelo abaixo. Creio que Goldwyn jamais tinha visto um homem com tanta carne à mostra e tantas joias, de forma que sua atenção já se desviara quando Betty mencionou que sua amiga, a sra. Luce, tinha sofrido os efeitos de um veneno misterioso, contido talvez nos pedaços do gesso do teto. Goldwyn ouviu a palavra "veneno" a seu próprio modo — o que não era raro — e perguntou como é que alguém podia cair de um teto e o que é que fazia lá? E talvez estivesse bem próximo da verdade: na hora certa, a sra. Luce voltou para casa, oficialmente por estar doente, conquanto na opinião de muitos italianos ela tivesse se intrometido muito abertamente com o governo local.

Mas não era julho ainda. Numa certa manhã daquele mês acordei e abri o *Rome Daily American* para ler que o senador McCarthy havia me intimado. (Não era bem verdade, mas a manchete do jornal deu-me a entender que eu receberia a intimação em Roma, já que não podia ser encontrada em Nova York.) O prazo do visto em meu passaporte estaria esgotado em dez dias e, até aquela data, eu tinha por certo que a sra. Shipley concederia uma prorrogação por igual período. Mas eu sabia que com as novas de McCarthy, e passaporte caduco, Korda não quereria, e não poderia, manter o meu emprego.

Dispus-me a ir ao telégrafo, decidindo que forneceria a McCarthy meu endereço em Roma, mas depois de algumas xícaras de café dei-me conta de que algo soava errado com toda aquela encenação, pois ele, sem dúvida, sabia que eu estava em Roma e como encontrar-me. Quando entendi que havia levado quase uma hora para chegar ao âmago do problema, entendi também que não devia confiar no meu próprio critério. Telefonei para o escritório de Ercole Graziadei, um ótimo advogado com quem tinha-me encontrado várias vezes, homem que gozava de esplêndida reputação como antifascista no regime de Mussolini. Disse-me ele que embora eu não pudesse tomar a reportagem ao pé da letra, não restava dúvidas agora de que o cônsul americano em Roma não concederia a prorrogação do meu visto. Disse-me também que, em sua opinião, Roma já não era bom lugar para mim, pois frequentemente o governo italiano acatava ordens da sra. Luce e me pegaria ou me perseguiria até por infrações menores do que evadir uma citação ou por usar um passaporte vencido. Contei-lhe da minha intenção de regressar imediatamente a Nova York. Ele riu e comentou que era besteira: eu estaria desistindo de um emprego que me era necessário e abrindo os braços para aborrecimentos. Por que não ia passar uns dias em Londres onde o governo não aceitava ordens de Washington e lá tentar a prorrogação do visto? A ideia pareceu-me boa e me daria chance para telefonar a Hammett de um telefone sem censura e descobrir o que estava por trás da história de McCarthy. Graziadei disse-me que seu genro compraria uma passagem para Londres para aquela tarde. Eu devia voltar ao apartamento e fazer exatamente o que faria todos os dias naquela hora, não levar bagagem alguma, exceto o que pudesse carregar na bolsa ou numa sacola, tomar um táxi para o Excelsior Hotel, passar dez minutos no bar, tomar outro táxi do Excelsior para o aeroporto onde seu genro estaria à minha espera.

Fiz exatamente o que Graziadei disse. Saí do meu hotel às 15h15 peguei um táxi para o Excelsior, tomei um bom trago, peguei outro táxi para o aeroporto. O aeroporto estava deserto àquela hora, exceto pelo genro que me esperava, já com meu bilhete. Eu lia uma revista quando o alto-falante chamou meu nome informando que me chamavam ao telefone. Não me mexi até o alto-falante repetir meu nome, e então achei que devia atender ao chamado porque de onde me chamaram a balconista que me atendera podia me ver. Quando cheguei ao balcão, a moça disse:

— A secretária da condessa deseja falar com a senhora.

Eu conhecia a idosa condessa de vários encontros, já tinha ido almoçar em seu *palazzo*, e tomara chá com ela enquanto levava horas para me explicar sua educação britânica e as agruras de ser casada com um italiano. Antes de pegar o fone, é claro que me perguntei como a secretaria da condessa poderia saber que eu estava no aeroporto. A mulher falou com sotaque britânico tão acentuado que comecei a pensar que era britânico demais. Disse que era a secretária da condessa, e será que poderiam contar com minha presença para um pequeno jantar no fim da semana, quando a condessa estaria de volta a Roma. Repeti o convite, tentando fazer hora e depois disse que sim, teria muito prazer e me encontrava no aeroporto esperando a chegada de uma amiga americana. Telefonei a Graziadei, que me disse não acreditar que se tratava da condessa. Na sua opinião, alguém tentara me seguir até o aeroporto, perdera minha pista, e agora tentava localizar-me. De qualquer modo, era tarde demais para preocupar-me e que enviasse notícias de Londres.

Foi uma viagem tão tensa que me vi em Londres antes de me dar conta de que precisava achar um hotel; sem discussão, um hotel barato. Mas a caminho de um táxi decidi ir para o Claridge's, como nos velhos tempos. Lá, eu ficaria menos nervosa e para o inferno com as despesas por alguns dias.

Senti-me bem, de fato, naquele quarto bonito e cheguei à extravagância de pedir um bom jantar, e de ficar contente ao rever o velho camareiro que eu conhecia há muitos anos, que me disse ser um prazer lavar meu vestido de algodão todo amassado e entregá-lo às 8h da manhã seguinte.

E às 10h eu estava sentada num banco da antessala do cônsul americano. Depois de examinar meu passaporte, a senhora da recepção me disse que seria necessário que eu conversasse com o cônsul. Uma ou duas horas depois, disse-me que ele estava ocupado e que talvez fosse melhor eu voltar às 3 horas da tarde. Tornava-se óbvio agora que as coisas não seriam fáceis. Levei um sanduíche para a National Gallery, exatamente como tinha feito duas ou três vezes por semana durante a guerra quando Myra Hess dava concertos na hora do almoço. Voltava à procura da música que já não existia, que já de nada servia para outros, exceto para mim. Sentei-me querendo saber por que guiar um carro no meio das bombas V-2 todas as manhãs, enquanto filmávamos um documentário nas docas de Londres em 1944, me preocupara menos do que o problema atual.

Quando voltei ao consulado, fui levada imediatamente à presença do cônsul. Era um homem agradável e bem-educado, e quando tinha terminado nosso bate-papo sobre o fato de sua mãe ter nascido em Nova Orleans, que coincidência não é mesmo?, informou-me que não podia renovar nem prorrogar meu visto; a solicitação teria que ser enviada de volta a Washington e ele teria de aguardar a resposta. Eu já devia ter sabido, mas de repente disse:

— Não posso ficar aqui muito tempo. Sai muito caro, trouxe apenas a roupa do corpo e está chovendo.

Acho que era bem-educado demais para perguntar por que eu viera a Londres sem uma muda de roupas. Disse que poderia chamar-me assim que recebesse notícias de Washington.

— Seria possível o senhor passar um telegrama dizendo que a menos que eu consiga a prorrogação, perco meu emprego?

Ele sorriu e disse que talvez fosse melhor eu mandar essa mensagem para a sra. Shipley em telegrama separado.

Não o enviei. Voltei andando na chuva, tentando descobrir onde poderia encontrar um vestido barato e uma capa de chuva. Resolvi não me amolar e acabei na cama.

Quando a noite chegava lembrei-me da taverna na outra esquina, que eu frequentara tanto durante a guerra, e mesmo depois, onde a senhora gorda e encantadora que a dirigia sempre se mostrara amável e amiga.

Ela e seu filho de meia-idade, Oliver, ficaram contentes de me ver. Seu olhar era arguto pois me perguntou, assim que se sentou trazendo cerveja para nós, se eu estava doente. Respondi que não, só preocupada. Conversamos durante muito tempo, ela me contou que ia se casar de novo e se mudar para Devon, e gritou para Oliver que me trouxesse uma boa fatia de rosbife frio. Acho que foi cerveja demais, ou demais qualquer coisa, pois não havia razão para eu cortar a mão direita com a faca, a não ser de propósito. Até hoje não sei se cheguei a dizer isso em voz alta ou se foi apenas em pensamento que eu disse que o azar vinha perseguindo aquela mão·há muito tempo, e se eu não conseguisse me livrar dele ia fazer parte do grande exército de pessoas que sabem que tudo o que fazem dá errado e acabam não fazendo nada ou fazendo o que não deviam. Sei apenas que Oliver ficou perturbadíssimo com o ferimento, limpou-o e sua mãe perguntou por que eu saíra sem uma capa com aquele tempo e foi buscar um poncho que um freguês esquecera há muitos meses, e eu devia ficar com ele. Jamais tornei a vê-los, embora trocássemos muitos cartões-postais e eu tivesse recebido a comunicação do casamento de Oliver com uma moça chamada Poly. A taverna fechou alguns anos depois. Em 1970, recebi uma carta de Oliver na qual ele dizia: "Acho que gostaria de saber que mamãe morreu há dez meses. O homem não queria casar-se, e ela abriu outra taverna e morreu tranquila em seu leito, assistida por meu tio, irmão de meu pai, não irmão dela. Poly não ligou para a morte de mamãe, mas eu sim, e quero agradecer-lhe o presente de casamento."

Passaram-se dois dias depois de minha visita noturna à taverna. Não consegui procurar ninguém que eu conhecesse em Londres. Já não me recordo do que fiz naqueles dias, mas um dia tomei uma barca rio acima. Na terceira manhã, uma moça do consulado me telefonou e pediu que eu estivesse lá às 11h. Cheguei às 10h, sem nenhum propósito, para ficar, creio eu, ainda mais nervosa. Às 11h me disseram que o cônsul estava em reunião, será que eu podia voltar às 14h? Minha vontade foi dizer: "Ele que vá pro inferno", mas fiquei calada e senti saudades dos tempos em que não teria ficado. Mas, às duas da tarde, o cônsul mostrou-se afável pelo fato de a chuva ter parado, ele gostava de Londres mas o trânsito estava ficando terrível, e a sra. Shipley prorrogara meu visto por mais três meses.

Telefonei para Hammett do aeroporto de Londres e marquei com ele para nos falarmos de um determinado número há muito combinado para quando um de nós estivesse em encrenca e não quisesse correr o risco de um telefone censurado. Depois telefonei a Graziadei com as boas-novas e ele disse que ótimo, os jornais de Roma tinham parado de publicar notícias de minha citação, mas talvez fosse sensato permanecer em Londres. Respondi que era impossível, meu vestido estava imundo, e ele comentou que as mulheres são todas iguais.

Quando regressei a Roma não encontrei nenhuma correspondência importante, e na portaria me informaram que ninguém tinha me procurado. Telefonei para a condessa. Sua secretária, que não tinha sotaque britânico, disse que a condessa não se achava em Roma há algumas semanas e só voltaria dali a um mês.

Depois fui ao Grand Hotel e fiz uma ligação para Dash no número e hora combinados. Disse-me que os jornais de Nova York nada haviam publicado sobre uma citação para mim. Comentei que apesar da prorrogação eu talvez devesse voltar a informar a McCarthy que estava pronta, à sua disposição, mas antes que terminasse a frase, Dash me interrompeu:

— Pare com essa besteira de menininha honrada e fique onde está. McCarthy está ficando maluco. Deixe que ele enlouqueça sem a sua ajuda. Em seguida, contei a história do telefonema da condessa para o aeroporto e o silêncio foi tão longo que perguntei:

— Alô, você ainda está aí? — e ele respondeu que sim, que precisava de um minuto para pensar, não era máquina. Contei-lhe que o telefonema no aeroporto tinha me assustado e ele respondeu que bom, assim é que devia ser.

Depois continuou:

— Quanto é uma boa gorjeta num dos hotéis da cadeia Wop?

— De dois a três dólares.

— O.k. Dê cinco dólares a cada mensageiro-chefe. Dê o mesmo a cada telefonista. Dê dez dólares a cada rapaz da recepção e diga a eles que dará mais dez extras para o primeiro que souber informar quem a seguiu, ou perguntou por você na recepção, ou demonstrou algum interesse no dia em que você foi a Londres. Depois, não fique impaciente, como costuma fazer. Deixe a coisa tomar corpo por alguns dias e talvez surja alguma novidade, ou talvez não surja.

Eu disse que ele era inteligentíssimo, ao que ele respondeu:

— Lilly, pare de me admirar sem motivo.

Na manhã seguinte distribuí o dinheiro e fiz as perguntas. Ninguém sabia de nada, todo mundo pareceu perplexo, todos aceitaram o dinheiro. Dois dias depois — saí para uma caminhada por volta de quatro horas da tarde —, um senhor maduro, uma espécie de mensageiro do hotel substituto em meio expediente, estava do lado de fora do armazém quando desci o quarteirão. Fez um gesto para o dono do armazém e este fez um gesto para mim, convidando-me a entrar. O estabelecimento estava vazio, mas fomos para a saleta dos fundos e o mensageiro do hotel começou a falar. Eu não entendia o que ele dizia, e o proprietário, que falava inglês, disse-me que não ligasse, seu primo não sabia falar direito, sempre tinha tido um defeito de dicção qualquer, mas não exagerado. Disse-me que seu primo o havia visitado na noite anterior para dizer que eu estava desperdiçando o meu dinheiro, pois o pessoal do hotel tinha medo de falar. Ele dissera ao primo para não ter medo, que eu sem dúvida lhe pagaria pelo que pudesse me contar, e que eu não diria uma palavra que pudesse envolvê-lo "no caso". Afirmei que, sem dúvida, lhe pagaria e não o envolveria, já que eu não estava em condições de causar problemas e não desejava atraí-los para mim. Foi então que a tradução começou e a sua primeira interrupção foi surpreendente: o proprietário disse que seu primo queria saber se eu já atuara em filmes ou se era uma anarquista. Retruquei que escrevia roteiros para filmes, e discordava dos anarquistas. Minha declaração não foi bem recebida, pois o mensageiro do hotel se recusou a falar e ficou roendo a unha do polegar. O vendeiro ficou impaciente e tirou a mão do primo da boca. Durante os cinco minutos seguintes, a tradução — que era complicada porque o mensageiro do hotel se afastava do assunto e o intérprete gritava com ele — se resumiu em que um dos rapazes da recepção era agente policial, assim como duas das telefonistas, e já não era a primeira vez que o homem surgia para inquirir sobre meus movimentos, com quem eu saíra, se recebera visitas, e de vez em quando entregavam-lhe a minha correspondência. O mensageiro do hotel contou que um dos recepcionistas tinha notado sua presença, prestando atenção, me espreitando e lhe dissera que se abrisse a boca a respeito do "cavalheiro" seria deportado. Era evidente que o vendeiro não conhecia esta parte da história, pois ficou muito zangado e berrou que o fascismo já não existia, e que diabos havia com o primo que não lhe contara sobre essa merda de deportação antes? Ele próprio denunciaria o recepcionista, não queria saber de fascistas na família.

Só me restava esperar o final da arenga. Quando o vendeiro saiu para atender a um freguês, experimentei meu péssimo italiano: qual era o nome do homem que queria saber da minha vida com tanta frequência? Ele não sabia o nome. Como era ele? Era americano, mais de trinta anos, alto, louro, sempre bem-arrumado, cabelo raleando. Quando o vendeiro voltou pedi-lhe que perguntasse ao primo se o homem falava como eu. Não. Imitei o sotaque do oeste. Não. Tentei uma fala vagamente sulista. Sim, era mais ou menos isso. O homem dava dinheiro aos recepcionistas ou às telefonistas? O mensageiro do hotel achava que não, o homem era "oficial", e ele achava que o pessoal recebia dinheiro por mês, que vinha por uma agência. Que espécie de "oficial" era ele, em sua opinião? O vendeiro riu; será que eu não sabia que os americanos, minha própria gente, tinham muitas agências e que todas pagavam pelas informações? Depois que essa prática fora denunciada durante vários minutos, dei ao vendeiro vinte dólares, que foram divididos com o primo, e prometi que daria mais dez se ele me avisasse quando o homem aparecesse de novo, ou caso descobrisse o nome do homem. Trocamos todos apertos de mão, comiseramos a situação do mundo, e durante duas horas saí a caminhar tentando identificar o homem. A descrição se aplicava a muita gente.

Mas, na manhã seguinte, encontrei uma mensagem passada por baixo da porta. Em letras de forma dizia o seguinte: "o nome do homem é Dick _____. Ponha dez dólares num envelope e entregue no armazém". Estava assinado Sofia Sanitation, um nome bem interessante. Foi exatamente o que fiz, e o vendeiro recebeu o envelope, meneou a cabeça e voltou ao trabalho. Existe a possibilidade de que Sofia Sanitation fosse empregada do hotel; no entanto, é mais provável que o mensageiro de hotel e o vendedor já soubessem na véspera o nome do homem, mas quisessem embolsar mais dez dólares usando a demora.

Mas agora achei que o melhor seria sair de Roma. Eu nunca mais teria notícias de McCarthy ou da citação, mas Dick e Betty frequentemente, embora de modo irrelevante, cruzaram meus caminhos. Muitos anos depois, ela teria um caso amoroso com um amigo meu e contaria a ele que uma das razões que a levaram a querer separar-se do marido era a vergonha que sentia das ligações dele com a CIA. Quando o caso terminou, ela voltou para o marido. Ele, evidentemente, teve um ataque de nervos com a indiscrição da esposa e escreveu ao ex-amante explicando que, de fato, já tinha sido da CIA, não era mais, mas que sua esposa continuava sendo uma agente valiosa e muito bem paga, e ele esperava que tal informação fosse guardada por meu amigo. Não foi.

Não sei por que a CIA se interessou por mim em Roma, mas sempre acreditei que Dick divulgou a história da citação aos jornais romanos na esperança absurda de descobrir algo concreto, pequenas informações para os chefes naquela semana. Naqueles dias, ao contrário do que ocorre nos dias de hoje, em que o nível de interferência é superior e mais perigoso, a CIA recrutava todo tipo de palhaços pagos por tarefa, e quando se trabalha assim quanto mais caldo for ao fogo maior chance de ele sair bom e merecer pagamento.

Mas poucas coisas dariam certo naquele ano. Korda, que tinha apreciado meu *script*, não gostou do produto final e recusou-se a pagar o que me devia. Contudo, esqueceu-se de me informar que não podia pagar-me, a despeito das virtudes ou defeitos do meu *script*. Tinha ido à falência uma semana antes.

E assim, voltei a Nova York e fiquei parada durante algum tempo. Depois, e não inesperadamente, o dinheiro acabou. Aceitei um emprego de meio expediente numa grande loja, arranjado por um velho amigo que lá trabalhava, onde usei nome falso. Fiquei na seção de secos e molhados e não era assim tão ruim, mas mantive segredo pois sabia que Hammett ficaria preocupado. Mais ou menos seis meses depois, uma tia muito querida morreu em Nova Orleans e deixou-me uma quantia muito maior do que eu imaginava que ela poderia ter economizado em sua árdua vida de trabalho.

Acho que comecei a escrever novamente, conquanto não me lembre o quê, talvez por se tratar só de exercícios literários.

Naquele verão, Hammett e eu alugamos uma casa em Martha's Vineyard e aquela negra maravilhosa, Helen, voltou a trabalhar para nós porque já tínhamos como pagar-lhe o salário. Nada foi como tinha sido antes, mas porque tinha sido ruim as pequenas coisas pareciam melhores que nunca — um dia ao mar num barquinho à vela alugado, uma canoa para o lago, um carro de segunda mão, contas de armazém que já não eram motivo de preocupação. Foi um bom verão.

E foi o verão das audiências Exército–McCarthy. Para nós, é claro, chegaram tarde demais para fazer muita diferença e pareciam uma bagunça total. O rosto inchado e maltratado de McCarthy, às vezes alegre e perturbador como nos velhos tempos, com frequência surpreendido em expressão de incredulidade por se achar onde se achava, e irado. Ele e seus rapazes, Roy Cohn e David Schine — os impetuosos mas menos seguros irmãos mais velhos de Haldeman e Ehrlichman —, formavam, de fato, um belo trio: o rosto de menininho de escola de Schine, o gorducho Cohn, petulante em sua boca sensual, e McCarthy compunham um grupo em decomposição sob nossas vistas depois de anos de louca correria. Bonnie, Bonnie e Clyde, atirando em tudo que surgisse ao seu alcance, montados nos cavalos do rei, que galopavam para as batalhas em suas blindadas armaduras oficiais.

Então, o sr. Stevens, do Exército, figura estranhamente antipática, e o advogado Joseph Welch, sem dúvida um cavalheiro de Boston, lembrado por sua famosa frase: "Senhor, onde está seu senso de decência?" Achei a frase engraçada, levara o sr. Welch realmente tanto tempo assim para descobri-lo, ou tratava-se apenas do instinto de um bom ator para o *timing* certo?

Porque, naturalmente, McCarthy já estava acabado muito antes do início das audiências. Não porque se tivesse tornado por demais audacioso ou porque se tivesse intrometido nos sagrados recintos do Exército, mas pura e simplesmente porque grande parte da América já não o suportava, a ele e seus dois menininhos.

O editor e crítico Philip Rahv, antigo anticomunista e depois antigo antianticomunista, havia dito um ano antes em um de seus menos decifráveis resmungos. "Nada na América dura mais que dez anos. Daqui a pouco McCarthy estará acabado." E esta era, penso eu, a verdade, só isto e nada mais. Não ficaríamos chocados com os prejuízos causados por McCarthy, ou com a ruína que trouxera a tantos. Também não nos surpreendêramos ou nos zangáramos vendo Cohn e Schine brincando com a lei como se fosse um pacote de balas que saboreavam depois do prazer das batalhas de travesseiro travadas à noite. Estávamos cansados deles. Isso e nada mais.

Quantas vidas quebradas nos caminhos abertos a rolo compressor por esses dois, mas não tantas assim que levassem os outros a se sentir culpados caso dessem as costas bem depressa e se convencessem, como fariam novamente no caso Watergate, que a justiça americana sempre prevalece embora pareça relaxada a críticos estrangeiros.

Não é verdade que quando os sinos dobram, eles dobram por ti: se fosse verdade não teríamos eleito, tão poucos anos depois, Richard Nixon, um homem intimamente ligado a

McCarthy. Não foi por acidente que Nixon trouxe com ele um grupo altamente poderoso de operadores capazes de fazer com que Cohn e Schine parecessem malandrinhos de escola primária. Mudaram os nomes e os rostos! O jogo era mais alto porque o prêmio era a Casa Branca. E um ano depois do escândalo presidencial cuja magnitude continua ignorada, quase nos esquecemos deles também. Somos um povo que não quer guardar muito do passado em nossa memória. Na América, é doentio lembrar erros, é neurótico pensar neles, é psicótico estudá-los.

Nada mais me aconteceria. Recomecei a escrever peças, e em 1958 recebi ofertas para filmes que já não desejava mais — o gosto tinha passado.

É verdade, como já disse, que nunca mais Hammett recebeu um centavo de seu próprio dinheiro, e o enfisema que começara nas ilhas Aleutas degeneraria em câncer pulmonar. Aqueles últimos anos não foram bons para ele, mas Hammett conseguiu atravessá-los bastante bem, recusando-se mesmo a chamar a polícia em duas ocasiões quando gente, ou gente oficial, atirou com armas de fogo na janela do seu chalé. Mas nenhum desses anos foi tão mau quanto poderia ter sido, e como foi para muita gente.

Recuperei-me, e até mais, no que diz respeito a dinheiro e trabalho. Mas tenho de terminar este livro quase como o comecei: recuperei-me apenas em parte do choque recebido, como acontece com quase todos os choques, na crença não analisada que se originou de minha própria personalidade, tempo e lugar. Acreditava nos intelectuais, fossem eles mestres, amigos, ou estranhos cujos livros lera. Isso parece inexplicável a uma geração mais jovem, que se diverte igualmente com o radical e com o aliciador comunista dos anos 1930. Não me divirto muito com o divertimento deles, mas não lhes nego esse direito. Como também tenho direito a uma certa dose de desilusão pelo ponto a que chegaram as boas crianças dos anos 1960.

Talvez o que ainda sinto possa ser melhor resumido numa noite que certa vez passei em Londres na companhia de Richard Crossman, que naquela época era editor do *New Statesman and Nation* e membro do Parlamento. Foi um mês depois da prisão de Hammett, e Crossman desconhecia minha ligação com Hammett. Virou-se para mim, a única cidadã americana na sala, para dizer que era uma desgraça nenhum dos intelectuais ter ido em auxílio de Hammett, que se o caso tivesse ocorrido em Londres, ele, e muitos outros como ele, teriam protestado imediatamente com base em que você tem o direito de acreditar e eu tenho o dever de aceitar, mesmo que não concorde. Recordo que Kingsley Martin, o inteligente e mal-humorado editor do *New Statesman and Nation*, muito atarantado, tentava contar a Crossman minha ligação com Hammett. Ele ignorou a presença de Kingsley para declarar que um inglês demorava a lutar por uma liberdade, mas que uma vez conquistada ninguém poderia roubá-la, enquanto que nós, nos Estados Unidos, não esperávamos para lutar pela liberdade, mas não levava mais que uma hora para nos vermos privados dela.

Em qualquer país civilizado as pessoas sempre se apresentam para defender os que se metem em encrencas políticas. (Já houve época em que era uma honra ser prisioneiro político.) E alguns poucos tomaram essa iniciativa, mas não muitos, e quando lemos agora o que disseram, as palavras parecem levemente tímidas, ou, na melhor das hipóteses, sensatas demais.

E é triste agora ler os escritores anticomunistas e os intelectuais daquela época. Contudo, triste é uma palavra falsa para eu usar. O que ainda me irrita é a razão pela qual discordavam de McCarthy: seus métodos frequentemente grosseiros — padrões de comportamento de uma diretoria de clube de campo. Tais pessoas teriam o direito de dizer que eu, e muitos outros como eu, levamos muito tempo para perceber o que aconteceria na União Soviética. Mas, quaisquer que tenham sido nossos erros, não creio que tenhamos causado danos à nossa pátria. E acho que eles causaram. Compareceram a um excessivo número de conferências respeitáveis cujo patrocínio, afinal de contas, não era assim tão respeitável, publicaram e contribuíram para excessivas revistas da CIA. O passo dado com essa loucura nos levou direto à guerra do Vietnã e aos dias de Nixon. Muitos anticomunistas eram, evidentemente, homens honestos. Mas nenhum deles, pelo que sei, adiantou-se para confessar um erro. O que, neste país, é desnecessário — eles também sabem que somos um povo de memória curta.

Éscrevi aqui que estou recuperada. Digo isso apenas no sentido global, pois não creio em recuperação. O passado, com seus prazeres, suas recompensas, suas tolices, suas punições está sempre presente para cada um de nós, e é assim que deve ser.

Ao terminar de escrever sobre essa época desagradável de minha vida, digo-me que tudo aconteceu então, e há o agora, e os anos entre o então e o agora, e o então e o agora são uma coisa só.

Este livro foi impresso nas oficinas da
DISTRIBUIDORA RECORD DE SERVIÇOS DE IMPRENSA S.A.
Rua Argentina, 171 — São Cristóvão — Rio de Janeiro, RJ
para a
EDITORA JOSÉ OLYMPIO LTDA.
em março de 2010

*

78º aniversário desta Casa de livros, fundada em 29.11.1931